Friedrich Keinz

Helmbrecht und seine Heimat

Friedrich Keinz

Helmbrecht und seine Heimat

ISBN/EAN: 9783744637510

Hergestellt in Europa, USA, Kanada, Australien, Japan

Cover: Foto ©Andreas Hilbeck / pixelio.de

Weitere Bücher finden Sie auf **www.hansebooks.com**

HELMBRECHT

UND SEINE

HEIMAT

VON

FRIEDRICH KEINZ

CUSTOS AN DER K. BAYR. HOF- UND STAATSBIBLIOTHEK
ZU MÜNCHEN.

ZWEITE, UMGEARBEITETE AUFLAGE.

HELMBRECHT

UND SEINE

HEIMAT

VON

FRIEDRICH KEINZ

CUSTOS AN DER K. BAYR. HOF- UND STAATSBIBLIOTHEK
ZU MÜNCHEN.

ZWEITE, UMGEARBEITETE AUFLAGE.

———————

LEIPZIG

VERLAG VON S. HIRZEL

1887.

VORWORT.

--- —

Die Aufnahme des Helmbrecht in die Sammlung der „deutschen Classiker des Mittelalters" liess mich längere Zeit von einer neuen Auflage absehen. Nachdem ich indess von zuständiger Seite mehrfach zu einer solchen aufgefordert wurde, da eine für Unterrichtszwecke eingerichtete und den Studierenden leicht erreichbare Ausgabe gänzlich fehle, so glaubte ich diesem Wunsche entsprechen zu müssen. Mit der dadurch bedingten Umarbeitung konnte ich sowohl die nachträglichen Ergebnisse meiner früheren Untersuchungen, als einiges Weitere zur Erklärung des Gedichtes verbinden.

Meinen Dank habe ich wiederholt auszusprechen Herrn Professor C. Hofmann, der mich seinerzeit zu der Arbeit angeregt und dabei durch manchen freundlichen Wink unterstützt hatte, und Herrn Pfarrer Jos. Saxeneder in Ueberackern, jetzt in Neukirchen an der Enknach, dessen ausgezeichneter Kenntniss von Land und Leuten seiner Heimat und dessen nie ermüdender Freundlichkeit ich den günstigen Erfolg meiner Arbeit verdanke.

Bei der vorliegenden Ausgabe habe ich durch meinen verehrten Freund, Herrn Professor R. Hildebrand in Leipzig mancherlei Förderung erfahren.

Möge die Arbeit in ihrer neuen Gestalt dieselbe freundliche Aufnahme finden, die ihr bei ihrem ersten Erscheinen (München 1865) in so überraschender Weise zu Theil wurde.

München am 1. Mai 1887.

Der Herausgeber.

DAS GEDICHT.

INHALT UND GESCHICHTE DESSELBEN.

Das Gedicht von dem Meierssohne Helmbrecht, das man mit Recht als die erste wahrhaftige deutsche Dorfgeschichte bezeichnet hat, entwirft uns mit einer von keinem andern erreichten Anschaulichkeit ein Bild von den gesellschaftlichen und sittlichen Zuständen des bayerischen Landvolkes im XIII. Jahrhundert.

Es erzählt uns, wie der Sohn eines wohlhabenden Bauern sich zu gut dazu fühlt, gleich seinem Vater hinter dem Pfluge her zu gehen. Er will zu Hofe kommen, tritt zu diesem Zwecke in den Dienst eines Raubritters, wird selbst Räuber und erleidet in Folge seiner Missethaten ein schimpfliches erschütterndes Ende.

Im Rahmen dieser Erzählung schildert der Dichter die Sucht der damaligen Bauern, nicht bloss die höheren Stände äusserlich nachzuahmen, sondern selbst über ihren Stand hinaus zu streben. Er hält der von dieser Leidenschaft besonders beherrschten Jugend das Schicksal Helmbrechts als abschreckendes Beispiel vor. Auch das weibliche Geschlecht erhält in dem Geschicke von Helmbrechts Schwester die gleiche Verwarnung. Dabei wird der Verwilderung und Verarmung des Adels gedacht und auf dessen bessere Vergangenheit hingewiesen. In die Erzählung sind so viele kleinere Züge verwebt, dass wir ein äusserst lebhaftes und reiches Gemälde des damaligen Lebens erhalten.

Dass diese Zierde unsrer Literatur schon sehr frühe in weiteren Kreisen bekannt und gewürdigt war, ersehen wir aus zwei sehr verschiedenen Zeugnissen. Otacker erzählt in seiner zwischen 1290 und 1318 verfassten österreichischen Reimchronik

Helmbrecht.   1

Cap. 285, wie die Bauern des Abtes Heinrich von Admont (1275—1297) sich weigern, weiter gegen die Ungarn zu kämpfen. Einer von ihnen sagt: Helmbrechtes vater ler wil ich gerne volgen und der knäppscheit sein erbolgen. *Das andere Zeugniss findet sich in den Schriften eines böhmischen Gelehrten: Thomas, aus dem alttschechischen Rittergeschlechte der Stitny (Štítny ze Stítného), der ungefähr 1330—1400 lebte. Dieser sowohl durch die Menge als durch die Art seiner Schriften hervorragendste tschechische Schriftsteller seiner Zeit verwendet das Wort* helmbrecht *sowohl einfach als in Ableitungen als ein ihm offenbar ganz geläufiges Wort, im Sinne von „gefallsüchtig"; so hat er z. B. in seiner Abhandlung „Bücher cristlicher Lehre" ein besonderes Stück „Von den helmbrechtischen Frauen". (Vgl. Schafařík, Wybor z literatury české I, 635—786; worauf der verstorbene J. Haupt zuerst aufmerksam machte.)*

Die Zeit der Abfassung des Gedichtes hat man nach V. 217, wo Neidhart als bereits gestorben erwähnt wird, und V. 411, wo vom Kaiser die Rede ist, „also vor dem Tode Friedrichs II. (1250)" bestimmt. Aber ersteres Datum steht nicht fest, man nahm erst 1234, dann 1236, jetzt (Rich. M. Meyer in einer Abhandlung über die Neidhartlegende, in der Z. f. d. A. XXXI, 65) „vor 1250" an, letztere Bezeichnung hingegen ist wohl für eine Dichtung zu scharf genommen; auch konnte man ja nicht sofort wissen, dass es für längere Zeit keinen deutschen Kaiser mehr geben werde. Immerhin wird man das Gedicht als nicht sehr lange nach Neidharts Tode, also zu Beginn der zweiten Hälfte des XIII. Jahrhunderts entstanden bezeichnen dürfen.

Erhalten ist es uns in zwei Abschriften. Die eine (W) stammt aus dem Anfange des XVI. Jahrhunderts und befindet sich in dem Ambraser Heldenbuch auf der Wiener Bibliothek. Obwohl die jüngere bietet sie einen weitaus besseren Text, der sowohl der guten Vorlage als der grösseren Gewissenhaftigkeit des Abschreibers*) zu danken sein dürfte. Die andere (B), auf der Berliner Bibliothek (mss. Germ. fol. 470) befindlich, ent-

---

*) *Der Schreiber des Heldenbuches war nach den Nachweisungen David Schönherrs: Hanns Ried, Hauptzollner zu Bozen. S. Archiv für Geschichte und Alterthumskunde Tirols, 1. Heft.*

hält zahlreiche willkürliche Aenderungen. Bei Behandlung des Textes ist daher unbedingt W als Grundlage zu nehmen.

Ausschliesslich nach W wurde das Gedicht von Josef Bergmann in den Wiener Jahrbüchern der Literatur 1839 zum Abdruck gebracht, auf B beruht die Ausgabe vdHagens im III. Bande von 'Gesammtabenteuer' 1850. Eine kritische Ausgabe auf Grundlage von W mit Benutzung von B lieferte M. Haupt im IV. Bande seiner Zeitschrift (1844). Nach dieser wurde es von mir 1865 und von Lambel 1872 und 1883 (im XII. Bande der deutschen Classiker des Mittelalters) herausgegeben.

Die vorliegende Ausgabe ist in der Hauptsache eine Wiederholung der früheren Auflage. Die Abweichungen sind die folgenden. In der Einleitung konnte manches wegfallen, was früher nothwendig war; bezüglich des Dichters hat sich ein Zusatz ergeben. Für den Text ist das Nöthige weiter unten angegeben. In den Erklärungen wurde manches entbehrliche weggelassen, vieles zweckdienliche theils von mir neu beigebracht, theils nach den Bemerkungen Lambels, R. Schröders und anderer hinzugefügt.

Neuhochdeutsche Uebersetzungen des Gedichtes sind erschienen von C. Schröder 1865, Pannier 1876 und Oberbreyer 1881, letztere in Reclams Universalbibliothek No. 1118.

Doch nicht bloss in der Literatur ist uns durch eine glückliche Fügung das herrliche Gedicht erhalten worden, so dass es in unsrer Zeit zur Wiederauferstehung und erneuten Verehrung gelangen konnte. Auch in seiner Heimat hat es sich, wenn auch wohl in einer geänderten Form bis in unser Jahrhundert herein erhalten, wie durch folgende Darlegung bezeugt wird, die ich in der Hauptsache unverändert aus dem in den Sitzungsberichten der k. b. Akademie (Phil.-hist. Classe 1865, I. S. 318 fgg.) gegebenen Nachtrage herübernehme.

Das Kloster Ranshofen besass in Gilgenberg (über diese Orte vgl. den folgenden Abschnitt über den Schauplatz des Gedichtes) einen Meierhof, jetzt Meisterhof in der Ortschaft Meierhof, dessen Reichthum man mit der Redensart bezeichnete, dass dort das ganze Jahr gedroschen werde. Die Bauern der Umgegend dienten gerne einige Jahre auf diesem Hofe, weil sie dort die Feldarbeit gründlich erlernen konnten. So diente auf

*ihm viele Jahre auch ein noch jetzt lebender Bauer, Joseph
Liedl, Leithenhauserbauer in Gilgenberg als Baumann (erster
männlicher Dienstbote). Dieser erzählte dem Herrn Pfarrer
Saxeneder bei einer eigens vor Zeugen veranstalteten Zusammen-
kunft: damals hätten sie auf dem Meisterhofe viele schöne Bücher
von den Klostergeistlichen zu lesen bekommen, von denen ihm
besonders eines, das sehr schön und mit Bildern verziert war,
gefallen habe — das Buch „von dem Rauberhauptmann Helm,
einem Gilgenberger". Von den Bildern konnte er sich nament-
lich noch das vom Helm selbst gut vorstellen, wegen der grossen,
eigenthümlichen Kopfbedeckung, mit der der Räuberhauptmann
dargestellt war. Nach dieser Erzählung erst nahm der Herr
Pfarrer das damals eben erschienene Buch zur Hand und las
ihm einige Stellen daraus vor und sogleich erkannte der Alte
das Ranshofener Buch und wusste so ziemlich den ganzen In-
halt desselben anzugeben. Dem alten Manne traten Thränen der
Freude in die Augen, dass das Lieblingsbuch seiner Jugend wie-
der zu verdienten Ehren gekommen sei; nur, meinte er, sei jenes
viel schöner gewesen, der vielen schönen Bilder wegen, und seufzte
dazu: die jungen Leute verstehen von dem nichts mehr. — Der
Mann zählt jetzt (1865, er ist seitdem gestorben) 86 Jahre, ist
aber wegen seines ausserordentlich scharfen Gedächtnisses in der
ganzen Gegend berühmt, so dass er häufig sogar vor Gericht,
in schwierigen auf altem Herkommen fussenden Rechtsverhält-
nissen, als „Gedenksmann" benutzt wird.*

*Aus dem Ergebniss einer zweiten Besprechung, die Herr
Pfarrer Saxeneder auf mein Ansuchen veranstaltete, um eine
möglichst genaue Beschreibung des Buches zu erhalten, dürften
die folgenden Angaben besonders mittheilenswerth sein. Der alte
Liedl hat das Buch selbst gelesen, er ist für einen Bauer noch
jetzt ungewöhnlich geschickt im Lesen und Verstehen alter Schrif-
ten; wie er sagt und durch sein Beispiel beweist, wurde in den
vom Kloster Ranshofen geleiteten Schulen ein besonderes Augen-
merk auf das Lesen alter Documente verwendet. Nach seiner
Erinnerung hatten die Klosterherren so schön geschriebene Bü-
cher, als wenn sie gedruckt wären, so dass man jetzt das Schrei-
ben gar nicht mehr so lehrt, weil es die Schullehrer selbst nim-
mer so können. Das Buch vom Räuberhauptmann Helm hält er*

für ein geschriebenes, mit gemalten Bildern — recht schönen, so
„dass man accurat sehen konnte, wie der Kund aussah" — be-
sonders auch mit sehr schönen Anfangsbuchstaben. Breiter als
das neue war es wohl nicht (wegen der kurzen Verse) aber viel
höher. Ob es Pergament war und wie es äusserlich aussah,
konnte er sich nicht mehr erinnern.

Nach dieser Beschreibung ist anzunehmen, dass die Hand-
schrift eine, wenn auch in Titel und wohl auch Sprache moder-
nisirte Abschrift unsers Gedichtes war. Sie hatte das sogenannte
Libellformat und die Schrift war, wie es scheint, noch keine kur-
sive. Die Ausschmückung mit Bildern zeigt, dass sie besonders
werth gehalten wurde, und wohl auch dazu bestimmt war, zur
Unterstützung des Vortrags den Leuten gezeigt zu werden. Lei-
der ist die Hoffnung gering, dass sie die Klosterstürme zu Anfang
unsers Jahrhunderts überdauert habe, da auch hier, wie alte
Leute erzählen, mit der Bibliothek des Klosters schlimm ge-
wirthschaftet wurde (ein kostbares Evangeliarium aus Rans-
hofen z. B. befindet sich nun im britischen Museum). Unter
den damals an die k. bayr. Staatsbibliothek abgelieferten Hand-
schriften befindet sie sich nicht; auch anderweitige Nachfor-
schungen waren bis jetzt erfolglos.

Auch sonst erinnern sich alte Leute noch, wie sie von Mutter und
Grossmutter eine ähnliche Geschichte als dort vorgefallen erzählen hörten.
Auch von dem Namen des Helden findet sich eine Spur, abgesehen von
dem an das längst ausgestorbene Geschlecht erinnernden Hausnamen des
Helmbrechtshofes. Man pflegt nämlich einen unbesonnenen jungen Men-
schen mit dem Schimpfwort Helmel (vgl. Vers 1928 Helmbrechtel) zu be-
nennen. Mitten in dem grossen Weilhartwalde, etwa eine halbe Stunde
vom Helmbrechtshofe entfernt, steht ein Kapellchen, genannt der weisse
Schacher, von dem alte Leute erzählen, hier habe man jenen Soldaten auf-
gehängt, der seinen Eltern entlaufen war, um ein lüderliches Leben zu
führen. Vielleicht war das die Stelle, wo Helmbrechtel hing und wo dann
die Verwandten nach frommem Brauche eine Sühnekapelle errichteten, da-
mit sich die Vorübergehenden aufgefordert sähen für das Heil seiner armen
Seele ein Vaterunser zu beten. Doch soll dies nur Vermuthung sein, da
ein Name nicht an die Stelle gebunden ist.

DER SCHAUPLATZ DER ERZÄHLUNG.

*Die Gegend, in welcher die Ereignisse unseres Gedichtes
sich abspielten, ist durch die in demselben erhaltenen Ortsan-
gaben bestimmt angegeben, von denen aber die beiden wichtigsten
an zwei Stellen, V. 192 und 897, befindlichen, in den zwei Hand-
schriften verschieden lauten. Die eine Stelle benennt zwei her-
vorragende Punkte der Landschaft, in W:* Hohenstein und Hal-
denberg, *in B:* Wels und Traunberg; *die andere rühmt den
Brunnen zu (W)* Wanghausen, *(B)* Leubenbach. *Nach Haupts
Vorgang wurde von der Mehrzahl der Forscher sowohl dem
Texte als den Ortsangaben der Wiener Handschrift der Vor-
zug gegeben.*

*Doch stand lange Zeit nur der Name Wanghausen als
unzweifelhaft fest. Erst durch die Untersuchungen des Heraus-
gebers wurden auch die übrigen Oertlichkeiten festgestellt.*

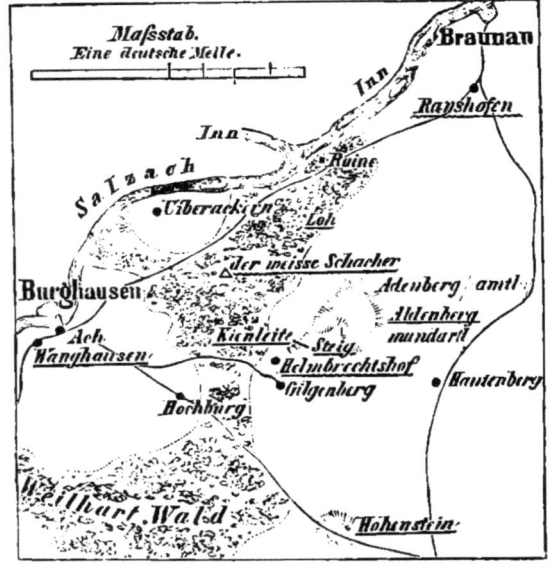

*Das Ergebniss
meiner an Ort und
Stelle unter Beihilfe
des Herrn Pfarrers
Saxeneder in Ueber-
ackern gepflogenen
Studien wurde durch
Hrn Professor Hof-
mann in einem Vorbe-
richt in den Sitzungs-
berichten der königl.
bayer. Akademie der
Wissenschaften (Phil.
Hist. Cl. 1864, II) be-
kannt gegeben und
dann von mir in
meiner Ausgabe des*
Helmbrecht *ausführlich dargelegt. Darnach sind die einzelnen
Oertlichkeiten in nachfolgender Weise bestimmt.*

Wanghausen *ist die sicherste, von Anfang an unzweifel-
hafte Angabe des Gedichtes. Die Ortschaft, aus Kirche, Schloss*

und einer Anzahl Bauerngüter bestehend, liegt am östlichen, jetzt österreichischen Ufer der Salzach, der bayerischen Stadt Burghausen gegenüber, etwas oberhalb der Brücke. Sie ist schon im Urbarium antiquissimum Ducatus Bavariae ex anno 1240 c (*Vol.* XXXVI I, *der Monumenta Boica pag. 15 und 20) aufgeführt. Gegenüber der Kirche, hart an der Strasse sieht man den in dieser Gegend unter dem Namen 'das goldene Brünnlein' berühmten Brunnen, der nicht nur sehr erfrischendes Wasser spendet, sondern nach einem weit verbreiteten Volksglauben auch Heilkraft namentlich für die Augen besitzen soll. Jetzt ist ein Kapellchen oder eine Nische darüber gebaut.*

H o h e n s t e i n ist der Name eines eine Stunde südsüdöstlich von der unten näher zu erwähnenden Ortschaft Gilgenberg sich erhebenden Berges. Urkundlich ist mir derselbe noch nicht vorgekommen; ein Geschlecht derer von Hohenstein erscheint zwar mehrfach in dieser Gegend (im III. Bande der Monumenta Boica), aber es steht nicht fest, ob es von diesem Berge den Namen habe. Jetzt steht auf ihm eine Kapelle des heiligen Coloman.

H a l d e n b e r g. Eine halbe Stunde nördlich von der genannten Ortschaft Gilgenberg erhebt sich der höchste Punkt dieser Gegend, von welchem aus man eine prachtvolle Aussicht über das Inn- und Salzachthal und weit über die bayerische Hochebene hinein geniesst. Sein Name ist auf der südlichen Seite gewöhnlich Adenberg und dies ist auch der amtliche Name geworden. Auf dem nördlichen Abhange, gegen Ranshofen zu, heisst er gewöhnlich Aldenberg, in bayerischer Mundart Ajdenberg. Da im Zusammenhange mit den übrigen hier erörterten und noch zu erörternden Belegen kein Zweifel bleibt, dass diese Gegend der Schauplatz der Erzählung war, so ist es leicht zu begreifen, dass der Dichter gerade diesen beherrschenden Punkt zur Bezeichnung desselben wählte. Das Fehlen des H ist zwar auffallend, doch liegt dafür die Vermuthung nahe, dass von Seite des Abschreibers eine Aenderung, sei es nun Schreibfehler oder vermeintliche Verbesserung, statt gefunden habe.

D e r H e l m b r e c h t s h o f. War durch die eigene Angabe des Dichters schon ein Umkreis, innerhalb dessen sich die erzählten Ereignisse zutrugen, ziemlich genau umschrieben, so ermöglichten weitere Forschungen auch noch das Anwesen, in wel-

*chem die Familie Helmbrecht einst lebte, zu bestimmen. Zuerst
wies nämlich Herr Archivrath Muffat urkundlich nach*), dass in
dieser Gegend ein Bauerngut unter dem Namen Helmbrechtshof
bekannt war, wofür er einen alten und einen neueren Beleg bei-
brachte. Jener ist in dem zu Anfang des XIV. Jahrhunderts
abgefassten Urbar des Herzogthums Niederbayern, gedruckt in
Mon. Boica Vol. XXXVI, II enthalten, wo S. 14 angegeben ist,
was der* Helmprechtz *hof jährlich zu leisten hat**); dieser in
einer Steuerbeschreibung des bayr. Gerichts Braunau v. J. 1721,
in welcher der „Helmbrechtshof" als in der Obmannschaft Gil-
genberg belegen und damals in zwei Halbhöfe getheilt aufge-
führt ist.*

*Von diesen zwei Halbhöfen ist der eine das Lenzengut zu
Reit, alten Leuten noch jetzt unter dem Namen 'Helmbrechts-
hof' bekannt, während der andere jetzt den Namen Nazlgut zu
Reit führt. Sie liegen beide etwa anderthalb Stunden östlich
von Burghausen, eine Viertelstunde von der Pfarrkirche von
Gilgenberg entfernt. Auf dem Lenzengute wird auch, nach einer
Mittheilung des Herrn Pfarrers Saxeneder, noch jetzt eine Per-
gamenturkunde des churfürstl. bayerischen Hofgerichts* puncto
juris lignandi *aus dem Jahre 1656 aufbewahrt, in welcher aus-
ser andern Höfen der* 'Helmbrechtshof' *aufgeführt wird. Durch
das Vorhandensein dieser Urkunde auf dem Lenzengute ist zu-
gleich erwiesen, dass der Helmbrechtshof einer der bedeutendsten
war, da in dieser Gegend die Gewohnheit herrschte, gerichtliche
Akten, welche eine grössere Anzahl von Höfen betrafen, auf dem
hervorragendsten zur Aufbewahrung zu hinterlegen.*

Wie aus dem Jahrhunderte überdauernden Namen 'Helmbrechtshof'
*zu schliessen ist, dürfte dieser Hof lange Zeit, d. h. mehrere Generationen
hindurch, der Familie Helmbrecht gehört haben. Belege dieser Art sind
natürlich nur in den seltensten Fällen zu beschaffen, doch fehlt es daran
nicht gänzlich. Das Gedicht selbst erwähnt ausser dem Vater und Sohn
Helmbrecht auch den ene* Helmpreht *(V. 914) und aus der vorher-
gehenden Zeit wird M. B. III, 255 zum Jahr 1150 ein Meier (villicus) Helm-
brecht in Ranshofen angeführt, der sehr wohl, da um diese Zeit das Kloster*

---

*) *Im Morgenblatt der Bayerischen Zeitung 1863, 8. October.*

**) Der Helmprechtz hof giltet VI mutt rocken, VIII metzen vast-
muoz, III metzen magen, X chaes, II gens, VI huener, C aier, I swein
halbgueltiges und ein spechswein.

die Ortschaft Gilgenberg erwarb, dorthin übergesiedelt sein könnte. Ausser-
dem erscheint l. c. 307 z. J. 1225 in Ranshofen ein Helmbertus praeco,
dessen Schergenamt (über die Stellung des Schergen vgl. Riezler, Ge-
schichte Baierns II, 176 fg.) in Vol. XXXVI, I, 13 u. 21 zum Jahre 1240
genauer angegeben ist, und ebenda S. 18 kleinere Besitzungen eines Helm-
brecht. Die beiden letzteren sind allerdings nur wegen der Gleichheit des
Namens zu erwähnen.

Zu den bestimmte Oertlichkeiten bezeichnenden Namen ge-
hören auch: der smale stîc an der Kienlîten *V. 1426 fg.,*
und der Loh *V. 1391, über welche man die Erklärungen zu*
den erwähnten Versen nachsehe.

DER DICHTER.

Der Verfasser des Gedichtes nennt sich am Schlusse des-
selben Wernher der Gartenære. *Es ist bis jetzt nicht gelungen,*
irgend etwas zur näheren Bestimmung dieser Persönlichkeit auf-
zufinden und die Forschung muss daher geringe vom Dichter ge-
gebene Andeutungen, und das, was sich aus diesen und aus sonst
etwa nahe liegenden Umständen folgern lässt, zur Grundlage
nehmen. Die von mir aufgestellte Vermuthung hat vielen An-
klang gefunden, und der Widerspruch gegen dieselbe war so
ungenügend begründet, dass ich keine Veranlassung habe, von ihr
abzugehen.

Nicht ganz zwei Stunden nördlich von Gilgenberg befindet
sich die Ortschaft Ranshofen, als curtis Rantesdorf *i. J. 788 und*
als villa regia Rantesdorf *unter den Karolingern seit 829 mehr-*
fach genannt. Dort errichtete Erzbischof Konrad I. von Salz-
burg unter Begünstigung Herzog Heinrichs des Schwarzen von
Bayern i. J. 1125 ein Kloster der regulirten Chorherren vom
Orden des heiligen Augustin. Der Herzog schenkte dem Kloster
unter anderm die Ortschaft Hantenberg (1147 vom Papst Eugen
bestätigt), zu welcher wohl auch Gilgenberg gehörte, da erwähnt
wird, dass vom Stifte Ranshofen daselbst zwischen 1157 und 1190
eine capella s. Aegidii *(Aegid hier = Gilg) erbaut und vom*
Papst Cœlestin bestätigt wurde (Näheres bei Pillwein, Geographie

*etc. von Oberösterreich, IV. Theil, S. 206 ff., 209 f., 220 ff.;
die Documente dazu fast sämmtlich im III. Bande der Mon.
Boica.). Von da bis zur Aufhebung des Klosters gehörte Gil-
genberg zum Stifte Ranshofen.*

*In diesem Kloster war, wie sich die älteren Leute theils
selbst noch erinnern, theils aus den Erzählungen ihrer Eltern
wissen, seit alten Zeiten einer von den Patres, also von den
wissenschaftlich gebildeten Leuten, als Klostergärtner aufgestellt.
Dieser Pater Gärtner hatte nicht bloss die Aufsicht über die aus-
gedehnten Klostergärten, sondern auch die Obliegenheit, alljähr-
lich das ganze Gebiet des Klosters zu durchwandern und die
Bauern in der Obstbaumzucht und Küchengärtnerei zu unter-
richten. Noch jetzt wissen die Leute von den drei letzten Patres,
welche diese Stelle inne hatten, besonders von einem Pater Theo-
bald, hübsche Anekdoten zu erzählen*).*

*Solche Männer waren einerseits, da sie nicht einem Bettel-
orden, sondern einem gelehrten und in hohem Ansehen stehenden
Orden angehörten, unterrichtete Männer, andrerseits kannten sie,
als in fortwährender Berührung mit dem Volke stehend, die
guten und schlimmen Seiten desselben.*

*Wenn unser Wernher der Gärtner, wie wir ja wohl ver-
muthen dürfen, einer aus der Reihe derselben war, dann können
wir auch begreifen, wie er sich durch das erschütternde Ereig-
niss angeregt fühlen konnte, die im Gebiete des Klosters vorge-*

---

*) *Eine Erinnerung daran hat sich in einem unscheinbaren Schnader-
hüpfel gefunden. Auch in dieser Gegend ist eine beliebte Unterhaltung der
Bauern das Trutzliedlsingen (vgl. Schmeller I, 682). Die Anfangsstrophen
sind dabei häufig herkömmlich, während die Fortsetzung, wenn die Käm-
pfer erst erwärmt sind, von freier Erfindung ausgeht. Eine solche Ein-
gangsstrophe nun, mit welcher früher häufig auf die erste Herausforde-
rung geantwortet wurde, war nach der Mittheilung eines alten Bauers an
Herrn Pfarrer Saxeneder die folgende:*

moanst frei, du kanst singɔ
wie-r-ɔ gartner pfaff?
mein! halt nur grad s maül
du bist grad (nur) ɔn aff.

*Man kann also vermuthen, dass auch Wernhers Amtsnachfolger eine Ehre
darein setzten, sich vor dem Volke als Dichter zu zeigen.*

fallene Geschichte nicht bloss zur Belehrung des Volkes zu ver-
wenden, sondern auch sofort in eine Form zu bringen, in der
sie auch der Nachwelt erhalten bliebe, und immer wieder aufs
neue zu obigem Zwecke gebraucht werden könnte. Und dieser
Absicht entsprechend behandelt er den Stoff in seinem Gedichte.

Die Erzählung von der traurigen Verirrung und dem
schrecklichen Ende eines jungen Menschen, der zu einem besse-
ren Schicksal bestimmt schien und gerade aus der Mitte des
zunächst zu belehrenden Volkes hervorgegangen war, konnte
allein schon als eine eindringliche Warnung vor den dasselbe
damals aufregenden Ideen gelten. Doch das genügte dem Dich-
ter nicht. Er wollte nach verschiedenen Seiten belehrend wir-
ken. Um diesen Zweck zu erreichen und dabei doch nicht in
zu lehrhaften Ton zu verfallen, wählte er das Mittel des Ge-
spräches, in welchem die betheiligten Personen selbst in seinem
Sinne wirken mussten. Der junge Helmbrecht musste die Ideen
der heranwachsenden Generation schildern, der alte aber die bis-
her geltenden gesunden Grundsätze, die Nothwendigkeit von Zucht
und Ordnung bei Hoch und Nieder darlegen und vor den schreck-
lichen Folgen des Umsturzes warnen. Auch die kleineren Reden
(Lemberslinds, Gotelindens) dienen derselben Absicht. Von die-
sem Mittel, die Zustände und Leidenschaften seiner Zeit klar
darzulegen, hat der Verfasser so ausgiebigen Gebrauch gemacht,
dass von den 1934 Versen des Gedichtes nahezu 1000 auf die
zusammenhängenderen Reden, im ganzen mehr als 1200 auf Ge-
sprochenes entfallen. Das passt wenig in die Art der Fahren-
den, desto mehr aber für einen Geistlichen, der auf eindring-
liche Weise das Volk belehren und zum Guten führen will.
Ebenso passt für ihn die 'breite' Schlussmoral.

Dass er dabei auch jenen Humor zur Geltung kommen lässt,
den man bei einem volksfreundlichen und mit dem Volke viel
verkehrenden Geistlichen im Voraus erwarten darf, beweisen die
Stellen 840 ff., 848 ff., 864 ff., wo er über die herrliche Auf-
nahme und Verpflegung, die Helmbrecht findet, seinen Spott aus-
lässt, oder 209, wo er scherzt, dass man ihn als Tänzer gegen-
über dem prächtig ausgestatteten Jungen kaum beachten würde.
Dahin gehört auch der Galgenhumor, den er seinen Helden in
den Versen 1300—1324 entwickeln lässt, sowie die wohl von ihm

erfundenen Namen der Spiessgesellen Helmbrechts und mancher andere sarkastische Zug.

Es erübrigt noch die vielbehandelte Stelle von der Nonne 109 ff. zu besprechen, die man am allerwenigsten einem Geistlichen zugestehen wollte. Darüber, dass es mit der 'Zote' nicht so arg zu nehmen sei, habe ich mich schon früher ausgesprochen (1. Ausgabe S. 72, Zur Helmbrechtkritik S. 9). Vgl. hierzu auch A. Schulz, das höfische Leben I, 477. Dass gerade der Ranshofener Chorherr so sprechen durfte, möge man aus Folgendem entnehmen.

Eine Eigenthümlichkeit des Mittelalters sind die sogenannten Doppelklöster, mit Abtheilungen für beide Geschlechter. Auch Ranshofen wurde als solches im Jahre 1125 gestiftet (Mon. Boica III. 233): zum Jahre 1277 werden daselbst (l. c. 341) sorores literatae et non literatae *unterschieden. Es ist leicht zu begreifen, dass diese ursprünglich sicher wohlgemeinte Einrichtung Unzukömmlichkeiten zur Folge haben konnte. Dies lässt sich vielleicht schon vermuthen, wenn man liest (l. c. 358 zum Jahre 1296), dass in Ranshofen die Zahl der Schwestern auf sechs festgesetzt, d. h. beschränkt wurde; und noch mehr, wenn man erfährt, dass die Herzoge Rudolf und Ludwig von Bayern im Jahre 1314 (Mon. Boica XXIV, 64) dem Kloster Ensdorf, einer wittelsbachischen Lieblingsstiftung, offenbar auf dringendes Bitten der dortigen Benedictiner, in einem Privilegiumsbriefe ausdrücklich erklären:* abbati totique conventui monasterii in Ensdorf promisimus et sollempniter promittimus.... quod monasterium de cetero non sit duplex, iure multipliciter reprobatum, ut monachorum et feminarum consortium evitetur. *Sie verbieten daher geradezu, dass fernerhin* monachae vel conversae *aufgenommen werden (im Jahre 1371 überliess dann der Abt zu Ensdorf das Frauenkloster einem Ehepaare zu Leibgeding l. c. 125). Schlimme Fälle von Sittenverderbniss in Folge obiger Einrichtung führt Sugenheim, Geschichte des deutschen Volkes III, 489, Anm. 28, freilich aus etwas späterer Zeit an. Es erhellt aber schon aus obigem, dass man bereits im XIII. Jahrhundert, und gerade in Ranshofen, derselben nicht mehr geneigt war. Die Gründe geben begreiflicher Weise die Urkunden nicht an. Dagegen ist es bei Wernher leicht anzuneh-*

men, dass er in seinem Gedichte, dessen Zweck es ja ist nach
verschiedener Richtung die damals einreissende Sittenverderbniss
zu geiseln, auch diesen Missstand oder einige zu seiner Zeit und
in seiner nächsten Nähe vorgekommene Fälle treffen wollte.

Fassen wir nun das Gesagte zusammen, so sehen wir, dass
der Verfasser, der wohl nur durch diesen einzigen Gegenstand
zu einer grösseren Dichtung begeistert wurde, einen ganz ande-
ren Stoff als die Fahrenden und diesen in ganz anderer Weise
behandelt, wie auch Seemüller in seiner vorzüglichen Ausgabe
des Seifried Helbling S. XXXVIII eben so schön als treffend
bemerkt: „Der Meier Helmbrecht steht auf weite Strecke hin
vereinsamt". Daraus ergibt sich von selbst, dass der Dichter
auch in einer ganz andern Lebensstellung zu suchen sein wird.
Die Art aber, wie er den Stoff zu lehrhaften Zwecken nach
verschiedener Richtung ausnutzt, lässt sehr gut auf einen Mann
schliessen, der in der Belehrung und Erziehung des Volkes seinen
Beruf gefunden hat. Und wenn er nun alle die genannten Eigen-
schaften zeigt, wenn er ausdrücklich versichert die Geschichte
selbst mit erlebt zu haben, wofür auch seine genaue Kenntniss
der Oertlichkeit Zeugniss ablegt, und wenn er sich selbst einen
Gärtner nennt, so dürfte kaum auf irgend eine Persönlichkeit
sichrer zu schliessen sein, als auf den Pater Gärtner des Klo-
sters Ranshofen.

DER TEXT DES GEDICHTES

folgt hier, wie in der ersten Auflage, so, wie ihn Haupt herge-
stellt hat, mit Benutzung einzelner Verbesserungen Pfeiffers,
Hofmanns, die durch die Anfangsbuchstaben der Namen beson-
ders bemerkt sind. Mit Rücksicht auf den in der Vorrede an-
gegebenen Zweck wurden die wichtigeren Lesarten der beiden
Handschriften beigefügt. Hierzu wurde für die Wiener Hand-
schrift der Abdruck Bergmanns verglichen, wobei sich keine
bedeutenden Abweichungen von Haupts Auslese ergaben. Das
Gleiche wäre nach sachkundiger Mittheilung bezüglich der Ber-
liner Handschrift der Fall gewesen, für welche die willkürlich

*geänderte Ausgabe vd Hagens nur zur Bestätigung von Haupts
Angaben, aber nicht zur Feststellung etwaiger Verschiedenheiten
verwendet werden konnte. Hier musste ich also Haupt*) folgen
und mir eine nachträgliche Vergleichung vorbehalten. Die Ab-
sicht, Haupts Auswahl entbehrlich zu machen, liegt mir eben so
ferne, als diejenige, eine abschliessende Kritik des Textes zu
liefern.*

---

*) *Leider ist der berühmte Gelehrte längst aus dem Leben geschieden,
so dass ich ihn nicht mehr um seine Zustimmung zu dieser Benutzung
seiner Arbeit angehen konnte. Bei der Freude, die er an der Helmbrecht-
Feststellung hatte, würde er dies sicher gerne gestattet haben. Vielleicht
interessirt es die Freunde dieser Dichtung zu vernehmen, wie er sich dar-
über gegen mich, den ihm persönlich unbekannten, aussprach. Er schrieb
mir am 24. Dezbr. 1864: „Die ergebnisse Ihrer untersuchung über den
Helmbrecht sind so überraschend als unzweifelhaft: zugleich lehren Ihre
nachforschungen, wie wichtig bei gedichten die einer bestimmten örtlich-
keit angehören das erkundigen an ort und stelle ist. ich bin überzeugt,
wenn jemand so sorgfältig wie Sie die gegenden in denen Neidharts
Bauern lebten u. s. w. — Nochmals besten dank für Ihre gabe die mir
ein erfreuliches weihnachtsgeschenk war."
Und sein ebenso berühmter Freund Müllenhoff schrieb mir am 3. Febr.
1865: „Herrn Prof. Hofmanns Bericht, dann Ihr Meier Helmbrecht sind
mir von Haupt sogleich nachdem sie ihm zugegangen waren mitgeteilt und
ich habe mich daran erfreut, wie sich jeder der an diesen Studien teil-
nimmt daran freuen wird. Ihnen ist da eine Entdeckung gelungen, wie
sie nicht leicht irgendwo wieder für unsre alte Litteratur in gleicher Weise
möglich sein wird. Wir haben nur für die empfangene Gabe zu danken
und ihrer uns zu freuen und Ihnen zu dem schönen Erfolge Glück zu
wünschen."*

HELMBRECHT.

Einer saget waz er gesiht,
der ander saget waz im geschiht,
der dritte von minne,
der vierde von gewinne,
der fünfte von grôzem guote,   5
der sehste von hôhem muote:
hie wil ich sagen waz mir geschach,
daz ich mit mînen ougen sach.
ich sach, deist sicherlichen wâr,
eins gebûren sun, der truoc ein hâr,   10
daz was reide unde val;
ob der ahsel hin ze tal
mit lenge ez volleclichen gie.
in eine hûben er ez vie,
diu was von bilden wæhe.   15
ich wæne, ieman gesæhe
sô mangen vogel ûf hûben.
siteche unde tûben
die wâren aldar ûf genât.
welt ir nû hœren waz dâ stât?   20
Ein meier der hiez Helmbreht:
des sun was der selbe kneht
von dem daz mære ist erhaben.

1. 2 seit *B.*   1 was im geschicht *B.*   2 was er gesicht *B.*
3 drit *W*, dritte sagt *B.*   4 von ungewinne *B.*   7 Ich wil euch s. *B.*
9 das ist *WB.*   9. 10 Ains gebauren sun trüg ein har Das ist sicherleichen
war *B.*   10 eines gepaurn *W.*   12 Auf die *B.*   14 gevic *B.*   19 all
darauf genat *B*, alle darauf genäet *W.*   20 stêt *W*, Nu hort wie ez vñ
die hauben stat *B.*   21—26 *fehlen B.*   21 Helemprecht *W.*

sam den vater nante man den knaben;
si bêde hiezen Helmbreht.   25
mit einer kurzen rede sleht
künde ich iu daz mære
waz ûf der hûben wære
wunders erziuget.
daz mære iuch niht betriuget;   30
ich sage ez niht nâch wâne.
hinden von dem spâne,
nâch der scheitel gegen dem schopfe
rehte enmitten ûf dem kopfe,
daz lün mit vogelen was bezogen,   35
reht als si wæren dar geflogen
ûz dem Spehtharte.
ûf gebûren swarte
kam nie bezzer houbetdach
dan man ûf Helmbrehte sach.   4)
dem selben geutôren
was gegen dem zeswen ôren
ûf die hûben genât
(welt ir nû hœren waz dâ stât?)
wie Troye wart besezzen,   45
dô Pârîs der vermezzen
dem künege ûz Kriechen nam sîn wîp,
diu im was liep als sîn lîp,
und wie man Troye gewan
und Ênêas von danne entran   50
ûf daz mer in den kielen,
unde wie die türne vielen
und manic steinmûre.

---

24 nennet *W*.   27 Ich wil euch künden die mâr *B*.   28 mer wâr *B*.
29 W. vil erz. *B*.   31 Ich red ez *B*.   32 auf dem *B*.   33. 34 *umgestellt*
B, rehte *fehlt*, Mitten *B*.   35 der lün *W*, das leym *B*; vogel *B*.   36 Als
ob sy dar w. g. *B*, dar *fehlt W* (*Pf.*).   37 spechtharte *B*, specht harte *W*.
38 Auf des g. sw. *B*.   39 kóm *B*, hoube dach *W*.   42 Was zudem *B*.
43 genacet (: stet) *W*.   44 nu *fehlt B*, *nach diesem V. schiebt B ein:* Das
sull ir mir gelauben Genat was auf die hauben.   45 was *B*.   47 von Kr.
BW.   48 lieb was sam *B*.   49 Do man troy da g. *B*.   51 Auf dem m. *B*.
52 wie *fehlt B*.

ouwê daz ie gebûre
sölhe hûben solte tragen 55
dà von sô vil ist ze sagen!
welt ir nû hœren mê
waz anderhalp dar ûf stê
mit sîden erfüllet?
daz mære iuch niht betrüllet. 60
ez stuont gegen der winstern hant
künic Karle und Ruolant,
Turpîn und Oliviere,
die nôtgestalden viere,
waz die wunders mit ir kraft 65
worhten gegen der heidenschaft.
Provenz und Arle
betwanc der künic Karle
mit manheit und mit witzen;
er betwanc daz lant Galitzen: 70
daz wâron allez heiden ê.
welt ir nû hœren was hie stê
von ener nestel her an dise
(ez ist wâr daz ich in lise)
zwischen den ôren hinden? 75
von frouwen Helchen kinden,
wie die wîlen vor Raben
den lîp in sturme verloren haben,
dô si sluoc her Witege,
der küene und der unsitege, 80
und Diethern von Berne.
noch mügt ir hœren gerne
waz der narre und der gouch
truoc ûf sîner hûben ouch.

55 Ain sölhe *B*. 56 so ist vil *B*. 57 nu *fehlt B*. 58 anderhalb
(anderhalben *B*) auf der hauben (darauf *B*) stee *H'*. 59 wol gefullet *B*.
60 betrillet *H'*. 61 gein der vinster h. *B*. 62 wie künig Karl vnd *H'*,
wie Karll vnde *B*. 63 vnd auch Olyfere *B*, vnd Oiefiere *H'*. 64 notge-
stalten *H'*. 66 gein *B*. 68 künig Karel (: Arel) *H'*, kayser karll (: arll) *B*.
72 hört was noch auf der hauben ste *B*. 73 einer *H'*, jener *B*. 74 euch *H'*,
nun *B*. 76 fraw *B*. 78 sturmen *H'*, In stúrm ir leib verlorn h. *B*.
79 erslúg *B*; Weittege *H'*, wittig *B*. 81 Vnd her dietreich v. perne *B*.

Helmbrecht. 2

ez het der gotes tumbe   85
vor an dem lüne alumbe
von dem zeswen ôren hin
unz an daz tenke, des ich bin
mit wârheit wol bewæret
(nû hœret wiez sich mæret),   90
man möht ez gerne schouwen,
von rittern und von frouwen,
ouch was dâ niht überhaben,
beidiu von mägden und von knaben :
vor an dem lüne stuont ein tanz   95
genât mit sîden, diu was glanz.
ie zwischen zwein frouwen stuont,
als si noch bî tanze tuont,
ein ritter an ir hende:
dort an enem ende   100
ie zwischen zwein meiden gie
ein knabe der ir hende vie.
dâ stuonden videlære bî.
Nû hœret wie diu hûbe sî
geprüefet Helmbrehte   105
dem tumben ræzen knehte.
noch habt ir alles niht vernomen
wie diu hûbe her sî komen.
die nâte ein nunne gemeit.
diu nunne durch ir hübscheit   110
ûz ir zelle was entrunnen.
ez geschach der selben nunnen
als vil maneger noch geschiht;
min ouge der vil dicke siht
die daz nider teil verrâten hât: 115

---

88 lencke das *H*, lenge des *B*.   89 wol berichtet (90: tichtet) *B*, *vgl.* 1788.   90 nu horet wie es s. m. *H*.   91. 92 *umgestellt B*.   91 es *H*, sy *B*.   94 Baid von mägten *B*, baide von rittern *H*.   95 leyme stuend *H*, leyme stünd *B*.   96 die warn *H*, der was *B*.   97 ie *fehlt B*.   100 einem *H*, jenē *B*.   101 Stünd zwüschen zwain maiden ye *B*.   102 chnappe *B*. 104 Nun mercket *B*.   107 alle *H*, alles *B*.   108 dar *B*.   109 naet *H*, nät *B*.   110 Die was d. ir höbschhait *B*.   111 was *fehlt B*.   112 Dirr selben n. *B*.   113—116 *fehlen B*.   115 nidertail *H*.

dâ von daz ober mit schanden stât.
Helmbrehtes swester Gotelint,
der nunnen ein genæmez rint
gap si ze küchenspîse.
si was ir werkes wîse;   120
si diente ez wol mit næte
an der hûbn und an der wæte.
Dô Gotelint gap dise kuo,
nû hœret waz diu muoter tuo.
diu gap sô vil der zweier   125
der nunnen, kæse und eier,
die wîle si ze revende gie,
daz si die selben zît nie
sô manic ei zerklucte
noch kæse versmucte.   130
Noch gap diu swester mère
dem bruoder durch sîn êre
kleine wîze lînwât,
daz lützel iemen bezzer hât.
diu was sô kleine gespunnen,   135
ab dem tuoche entrunnen
wol siben webære
è ez volweben wære.
ouch gap im diu muoter
daz nie seit sô guoter   140
versniten wart mit schære
von keinem snîdære,
und einen belz dar under
von sô getânem kunder

---

117 Gab h. swöster götlint *B*.   118 Ain genämes slåygerint *B*, *vgl*. 1291.
119 Zu der kuche speyse *B*.   120 ir werches *B*, irs werche *W'*.   121 näte *B*,
nate *W'*.   122 houben *BH'*.   wäte *B*, wate *W'*.   123 da *W'*.   Götlint
die gab die chů *B*.   124 die műter tů *B*, der vater thue *W'*.   125 Die *B*,
der *W'*.   127 Die weil vnd sy *B*; zereuend *B*.   128 zeit *H'*, tag *B*.
129 zerklugkte *W'*, verchluchte *B*.   132 Durch ir brůder ere *B*.   133 Vil
chlain weys *B*; leynen wat *H'*.   134 pessers *W'*.   135 die *B*, das *H'*.
137 Waren w. s. webbäre *B*.   138 vol webet *WB*.   139 auch *H'*, Dar
noch *B*.   142 von dhainem *W'*, Vō dechainē *B*.   143 ainē peltz *B*, einer
pellitz *W'*.

2*

daz ûf dem felde izzet gras;   145
niht sô wîzes in dem lande was.
dar nâch gap daz getriuwe wîp
ir lieben sune an sînen lîp
kettenwambís unde swert;
des was der jüngelinc wol wert.   150
noch gap si dem selben knaben
zwei gewant, diu muost er haben,
gnippen unde taschen breit;
er ist noch ræze der si treit.

Dô si gekleidet het den knaben,   155
dô sprach er „muoter, ich muoz haben
dar über einen warkus:
und solt ich des belíben sus,
sô wære ich gar verswachet.
der sol ouch sîn gemachet,   160
alsô dîn ouge in an gesiht,
daz dir dîn herze des vergiht,
dû habest des kindes êre
swar ich der lande kêre".

Si het noch in den valden   165
ein röckelîn behalden:
des wart si âne leider
durch des sunes kleider.
si koufte im tuoch, daz was blâ.
weder hie noch anderswâ   170
truoc nie dehein meier
einen roc der zweier eier
wære bezzer dan der sîn;
daz habt bî den triuwen mîn.
er kunde in tugende lêren   175

146 weysses *W*, wächs *B*.   147 gab im d. *WB*.   148 Ir lieben *B*, irem lieben *W*.   149 ketten wambis *W*, Cheten wambis *B*.   150 jüngling wol *W*, chnappe vil wol *B*.   151 noch *W*, Auch *B*.   153 Gnypen *B*, Gmpen *W* (*l*. Gnipen).   154 noch *W*, nü *B*.   157 einer *W*.   158 soll *W*.   159 geswachet *B*.   161 in] den *W*. Als den dein aug an sicht *B*.   162 hercze gicht *B*.   164 war *WB*; der lande *B*, danne *W*.   165 noch *fehlt B*. 166 röcklein *B*, tüechelein *W*.   171 dechain *B*, kain *W*.   174 auf die trewe m. *B*.

und höhen lop geméren
der im daz het geráten.
nách dem ruckebráten
von der gürtl unz in den nac
ein knöpfel an dem andern lac;   180
diu waren rôt vergoldet.
ob irz nû hœren woldet
von dem rocke fürbaz,
durch iuwer liebe sagte ich daz.
dâ das gollier an daz kin   185
reichte, unz an die rinken hin,
diu knöpfel wâren silberwîz.
ez hât selten solhen fliz
an sînen warkus geleit
dehein gebûre der in treit,   190
noch sô kostelîchiu werc
zwischen Hôhensteine und Haldenberc.
seht wie iu daz gevalle:
driu knöpfel von kristalle,
weder ze kleine noch ze grôz,   195
den buosem er dâ mite beslôz,
er gouch unde er tumbe.
sîn buosem was alumbe
bestreut mit knüpfelînen.
diu sach man verre schînen   200
gel blâ grüene brûn rôt
swarz wîz, als er gebôt;
diu lûhten sô mit glanze,
swenn er gie bî dem tanze,
sô wart er von beiden   205
von wiben und von meiden
vil minneclîche an gesehen.

_____   _____

176 hoches _B._   178 ruckes pr. _W_, ruckbraten _B_ (_Pf._).   182 ob irs nu
gern h. w. _W_, Ob ir nû h. w. _B._   184 sag _B._   185 da _fehlt B_; nutz an
_WB_ (_Pf._).   186 raichet _W_, Gericht _B._   188 het _WB._   192 Zwüschen
wels vnd dē traunb'g _B._   193 euch _W B._   196 verslos _B._   201 Gel
pla _W_, Gel braun _B_; praun vnd rot _W_, blaw rot _B._   202 Sw. vnd weys
wie er g. _B._   203 die leuchten so _W_, Die lauchten wol _B._   204 Waun _W_,
Weñ _B_; bey dem t. _W_, an dem t. _B._   205 von in baiden _B._

ich wil des mit wârheit jehen
daz ich bî dem selben knaben
den wîben het unhôhe erhaben.   210
dâ der ermel an daz muoder gât
alumbe und umbe was diu nât
behangen wol mit schellen:
die hôrt man lûte hellen,
swenne er an dem reien spranc;   215
den wîben ez durch diu ôren klanc.
her Nîthart, unde solte er leben,
dem hete got den sin gegeben,
der kunde ez iu gesingen baz
dann ich gesagen, nû wizzet daz.   220
si verkoufte manic huon und ei
ê si im gewünne diu zwei,
hosen und spargolzen.
    Als si dô dem stolzen
sîniu bein het gekleit,   225
„mîn wille mich hinz hove treit“
sprach er. „lieber vater mîn,
nu bedarf ich wol der stiure dîn.
mir hât mîn muoter gegeben
und ouch mîn swester, sol ich leben,   230
daz ich in alle mîne tage
immer holdez herze trage.“
    Dem vater was daz ungemach.
zuo dem sun er dô sprach
„ich gibe dir zuo der wæte   235
einen hengest der ist dræte
und der wol springe ziune und graben,

208 des fur war j. *B.* 210 vnhoch *WB.* 212 vnd vmb vnd vmb *B.*
214 erhellen *B.* 215 Weū *B*, wann *W*; den *B.* 216 die oren *W*, ir
oren *B.* 217 vnd solt der l. *W*, solt er noch l. *B.* 219 Das er euch
kund ges. b. *B.* 220 nu *fehlt B.* 221 Sy verkauften *B.* 222 E. sy
gewunnen dise zwey *B.* 224 Damit sy dem st. *B.* 225 heten *B.*
226 hincz *B*, hin ze *W.* 227 lieber *W*, vil lieber *B.* 228 Nū bedörft
ich w. d. trewe d. *B.* 229—232 *fehlen B.* 229 geben *W.* 234 do *W*,
in spotte *B.* 235 wāte *B*, farte *W.* 236 ist drate *W*, lauffet drate *B.*
237 und *fehlt B*; springet *B*, springe *W (Pf.)*.

den solt dû dâ ze hove haben,
und der lange wege wol loufe;
gerne ich dir den koufe, 240
ob ich in veile vinde.
lieber sun, nu erwinde
hinz hove dîner verte.
diu hovewîse ist herte
den die ir von kindes lit 245
habent niht gevolget mit.
lieber sun, nû men dû mir
od habe den pfluoc, sô men ich dir,
und bouwen wir die huobe;
sô kumst du in dîne gruobe 250
mit grôzen êren alsam ich.
zwâre des versihe ich mich.
ich bin getriuwe, gewære,
niht ein verrætære.
dar zuo gibe ich alliu jâr 255
ze rehte mînen zehenden gar.
ich hân gelebet mîne zît
âne haz und âne nît.‘‘
    Er sprach ,,lieber vater mîn,
swie und lâ die rede sîn. 260
dâ mac niht anders an geschehen,
wan ich wil benamen besehen
wie ez dâ ze hove smecke.
mir sulen ouch dîne secke
nimmêre rîten den kragen. 265
ich sol ouch dir ûf dînen wagen
nimmêre mist gevazzen.
sô solte mich got hazzen,

---

238 dâ *fehlt B.* 239 wol *fehlt B.* 240 Wie gern *B.* 242 nu
fehlt B. 243 hincz *B,* hin ze *W'.* 245. 246 *fehlen B.* 247 Vil lieber
s. *B;* nû mēne mir *B,* nu mey du mir *W'.* 248 oder *W'B;* mēn *B,* mey *W'.*
249 Vnd bawe mir *B.* 250 dein *W'B.* 251 M. gûten eren *B.* 253—258
fehlen B. 259 vil lieber *B.* 261 an *fehlt B.* 262 sehū *B.* 263 dâ
fehlt B. 264 ouch *fehlt B.* 265. 267 nymmer *W'B.* 265 N. gereiten
meinen chr. *B.* 268 solt *W'B;* gehassen *W',* wol hassen *B.*

swenn ich dir ohsen wæte
und dînen habern sæte: 270
daz zæme niht zewâre
mînem langen valwen hâre
und mînem reidem locke
und mînem wol stånden rocke
und mîner wæhen hûben   275
und den sîdînen tûben
die dar ûf nâten frouwen.
ich hilfe dir nimmêre bouwen."
„Lieber sun, belîp bî mir.
ich weiz wol, ez wil geben dir   280
der meier Ruopreht sîn kint,
vil schâfe, swîn, und zehen rint,
alter unde junger.
ze hove hâst dû hunger
und muost dar zuo vil harte ligen   285
und aller gnâden sîn verzigen.
nû volge mîner lêre,
des hâst dû frum und êre;
wan vil selten im gelinget
der wider sînen orden ringet.   290
dîn ordenunge ist der pfluoc.
dû findest hoveliute genuoc,
swelch ende dû kêrest:
dîn laster dû gemêrest,
sun, des swer ich dir bî got;   295
der rehten hoveliute spot
wirdest dû, vil liebez kint.
dû solt mir volgen unde erwint."

---

269 wenn *H*, Wau *B*; welle *H*, dir deine ohsen mänte *B*.   270 dein *W*, Oder d. haber säte *B*.   272 valwē langē *B*.   273 Vnd meinen rayden löcken *B*.   274 Vnd meinen wolstenden röcken *B*.   275 wolsteenden *W*, wäben *B* (*Pf.*).   276 den *B*, die *W*.   277 frawen *B*, tauben *H*.   278 hilf *H*, wil *B*; nymmer bawen *B*, nymer ze pauen *H*.   279 Der vater sprach lieber sun beleib bey mir *H*, Der vater sprach beleib bey mir *B*.   281 seine kint *B*.   282 zehen *fehlt B*.   286 gnade *B*.   289 wann s. *H*, Vil s. *B*.   293 welches ennde *H*, Welchs endest *B*.   294 merest *B*.   298 solst *B*.

„Vater, und wirde ich geriten,
ich trouwe in hovelichen siten   300
immer alsò wol genesen
sam die ze hove ie sint gewesen.
swer die hûben wæhe
ûf mînem houpte sæhe,
der swüer wol tûsent eide   305
für diu were beide:
ob ich dir ie gemente
od phluoc in furch gedente.
swenne ich mich gekleide
in gewant daz si mir beide   310
ze stiure gâben gester,
mîn muoter und mîn swester,
sô bin ich sicherliche
dem vil ungeliche,
ob ich etewenne   315
korn ûf dem tenne
mit drischelen ûz gebiez
od ob ich stecken ie gestiez.
swenne ich füeze unde bein
hân gezieret mit den zwein,   320
hosen und schuohen von korrûn,
ob ich ie gezûnte zûn
dir oder ander iemen,
des meldet mich niemen.
gist du mir den meidem,   325
Ruoprehte zeinem eidem
bin ich immer verzigen:
ich wil mich niht durch wîp verligen."

---

299 Er sprach vater wird (vnd wirde *H*) *H'B*.   303 wer *H'B*.   308 Oder
H'B; pflûg in furch *B*, den phluog in der furch *H'*.   309 wenn *H'B*; be-
chlaide *B*.   312 vnd ouch mein sw. *H'*.   315 ettwenne *H'*, ye ettwenne *B*.
317 M. tryscheln ausgepiess *H'*, M. der drischel vns gepiess *B*.   318 Oder
H'B. *nach* 318 dir oder anders yemand. das meldet mich niemandt *H'*, *vgl.*
323 *f.*   319 Swen *B*, wenn *H'*.   321 corraun *H'*, llosen schûch vnd kar-
raun *B*.   322 gezeunte *H'B*.   324 *fehlt B*. des vermellet *H'*, *vgl. zu* 318.
325 Geyst *B*, gibst *H'*; maidem *H'*, maiden *B*.   326 mayr Ruoprehten *H'*,
Mair Rûprechten *B*; aydem *H'*, ayden *B*.   327 ymmer *H'*, nymmer mer *B*.

Er sprach „sun, eine wîle dage
und vernim waz ich dir sage.   330
swer volget guoter lêre
der gewinnet frum und êre;
swelch kint sînes vater rât
ze allen zîten übergât,
daz stêt ze jungest an der scham   335
und an dem schaden rehte alsam.
wilt dû dich sicherlîchen
genôzen und gelîchen
dem wol gebornen hoveman,
dâ misselinget dir an: 340
er tregt dir dar umbe haz.
dû solt ouch wol gelouben daz,
ez klaget kein gebûre niht
swaz dir dâ ze leide geschiht.
und næme ein rehter hoveman   345
dem gebûren swaz er ie gewan,
der gedingte doch ze jungest baz
danne dû, nû wizze daz.
nimst dû im ein fuoter,
lieber sun vil guoter,   350
gewinnet er dîn oberhant,
sô bist dû bürge unde phant
für alle die im habent genomen,
er lât dich niht ze rede komen;
die phenninge sint alle gezalt;   355
ze gote hât er sich versalt,
sleht er dich an dem roube.
lieber sun, geloube

---

331 wer *WB*.   333 Swelches *B*, welches *W*.   335 ze jüngst *W*,
zeleste *B*.   340 Da mûs dir misselingen an *B*.   342 Auch soltu g. d. *B*.
343 klaydt kain *W*, chlaugt dechain *B*.   344 was *B*, war *W* ; da ze laide *W*,
davon laids *B*.   346 dem *W*, Ainen *B*; was *W*, das *B*.   347 gedingete *W*,
gedinget *B*; ze iungste *W*, zem lesten *B*.   348 Dañ du soltu wissen d. *B*.
352 Du bist borge *B*.   353 haben *B*, icht haben *W*.   355. 356 *fehlen B*.
355 gezelt *W*.   356 verselt *W*.   357 Er slecht dich *B*.

mir diu mære und belip
und nim ein êlîchez wîp." 360
„Vater, swaz sô mir geschiht,
ich lâze mîner verte niht;
ich muoz benamen in die büne.
nû heiz ander dîne süne
daz si sich mit dem pfluoge müen. 365
ez müezen rinder vor mir lüen
die ich über ecke tribe.
daz ich sô lange belibe,
des irret mich ein gurre.
daz ich niht ensnurre 370
mit den andern über ecke
und die gebûren durch die hecke
niht enfüere bî dem hâre,
daz ist mir leit zewâre.
die armuot möht ich niht verdoln, 375
swenne ich driu jâr einen voln
züge und als lange ein rint,
der gewin wær mir ein wint.
ich wil rouben alle tage;
dâ mite ich mich wol betrage 380
mit volliclicher koste
und den lip vor froste
wol behalte in dem winder,
ez enwelle et niemen rinder.
vater, balde île, 385
entwâle deheiner wîle,
gip den meiden balde mir;
ich belibe lenger niht bî dir."
Die rede wil ich kürzen;
einen loden von drîzic stürzen 390

---

360 ein celiches *W*, dir ain eleich *B*. 361 er sprach vater *WB*; was so mir *W*, was mir *B*. 363 Ich wil *B*; bey (pey *B*) namen *WB*; püne *W*, pün *B*. 364 Du *B* (für nu). 365 den pflûgen *B*. 372 bauren *B*. 373 Nicht fûr *B*. 376 wann *W*, Wenn *B*. 380 vil wol betrag *B*. 381 volliger reicher *B*. 384 ich mûs et haben rinder *B*. 385 Dar umb nater bald eyle *B*. 386 Etwell dechain w. *B*. 389 nicht lenger *WB*. 390 dreyssig *W*, drein *B*.

(alsô saget uns daz mære,
daz der lode wære
aller loden lengest),
den gap er an den hengest,
und guoter kücje viere,　　　　　　　　　　　　　　395
zwên ohsen und drî stiere,
und vier mütte kornes:
ouwê, guots verlornes!
er koufte den hengst um zehen phunt;
er het in an der selben stunt　　　　　　　　　　400
kûme gegeben umbe driu:
ouwê verlornin sibeniu!
Dô der sun wart bereit
unde er sich het an geleit,
nû hœret wie der knabe sprach.　　　　　　　　405
er schutte dez houbet unde sach
ûf ietweder ahselbein,
,,ich bizze wol durch einen stein,
ich bin sô muotes ræze,
hey waz ich îsens fræze!　　　　　　　　　　410
ez næme der keiser für gewin,
vieng ich in niht und züge in hin
und beschazte in unz an den slouch,
und den herzogen ouch,
unde eteslichen gràven.　　　　　　　　　　415
über velt wil ich draven
ân angest mînes verhes
und alle welt dwerhes.
lâ mich ûz dîner huote:
hinnen für nâch mînem muote　　　　　　　　420
wil ich selbe wahsen.

---

391 Als uns sagt *B*.　　　394 an *W*, vmb *B*.　　　395 küe *W*, chû *B*.
396 drey *W*, zwey *B*.　　397 vnd v. mute *W*, Vnd darczu v. mütt *B*.　　398 awe
dir gut *W*.　　399—402 *fehlen B*.　　　402 verlornne *W*.　　　403 da *W*.
404 hat *W*.　　405 nu *fehlt B*; chnappe *B*.　　　406 er schüt (schutte *B*) das
WB.　　　407 Auf sein yegleich achelbein *B*.　　　40S pisse *W*, peysse *B*.
410 Wey wes ich eysens ässe *B*.　　413. 414 *fehlen B*.　　415 Den herczogen
und etlich grauen *B*.　　416 Vber ecke *B*; traben *W*.　　417 Ane vorcht *B*.
419 er sprach vater la *W*.　　420 von hinnen phurren *W*.　　421 selben *W*.

vater, einen Sahsen
züget ir lîhter danne mich.''
Er sprach „sun, sô wil ich dich
mîuer zühte lâzeu frî.   425
nû zuo des der neve sî!
sît dich mîn zuht sol mîden
an dem ûf rîden,
sô hüete dîner hûben
und der sîdîuen tûben   430
daz man die indert rüere,
od mit übele iht zefüere
dîn langez valwez hâre.
unde wilt dû zewâre
mîner zuht nimmêre,   435
sô fürhte ich vil sêre,
dû volgst ze jüngest einem stabe
und swar dich wîse ein kleiner knabe.''
er sprach „sun, vil lieber knabe,
lâ dich noch rihten abe.   440
dô solt leben des ich lebe
und des dir dîn muoter gebe.
trinc wazzer, lieber sun mîn,
ê du mit roube koufest wîn.
datz Österrîche clamirre,   445
ist ez jener ist ez dirre,
der tumbe und der wîse
hânt ez dâ für herren spîse.
die solt dû ezzen, liebez kint,
ê dû ein geroubtez rint   450
gebest umb eine henne
dem wirte eteswenne.

423 Den zûgt *B*. 424 Dich *am Anfang von V*. 425 *B*. 426 neue *H B*.
427 seyt ich *H*, Seint ich *B*. 428 auf reyden *B*, aufreiden *H*. 429 so
fehlt B. 431 nyndert *B*. 432 oder *H B*; nicht *H*, *fehlt B*. 433 und
dein *H*; hare: zware *H B* (*Hfm*.). 435 nicht mere *B*. 437 volgest *H*;
zlestē *B*. 438 war *H B*; kleiner *fehlt B*. 439 der vater sprach *H*.
440 La mich d. n. weysen ab *B*. 445 Dacz *B*, da ze *H*; chlamirre *B*.
446 Es sey jenr es sey dirre *B*. 448 Hand *B*, habent *H*; dafûr *B*.
451 Gäbest *B*. 452 etswenne *H*, ettwenne *B*.

dîn muoter durch die wochen
kan guoten brîen kochen:
den solt dû ezzen in den grans,   455
ê dû gebest umb eine gans
ein geroubtez phärit.
sun, und hetest dû den sit,
sô lebtest dû mit êren,
swar dû woltest kêren.   460
sun, den rocken mische
mit habern ê dû vische
ezzest nâch unêren.
sus kan dîn vater lêren.
volge mir, sô hâst dû sin: 465
sî des niht, sô var dâ hin.
erwirbst dû guot und êren vil,
für wâr ich des niht enwil
mit dir haben gemeine:
hab ouch den schaden eine.‘‘   470
,,Dû solt trinken, vater mîn,
wazzer; sô wil ich trinken wîn.
und iz dû gîselitze:
sô wil ich ezzen ditze
daz man dâ heizet huon versoten.   475
daz wirt mir nimmer verboten.
ich wil ouch unz an mînen tôt
von wîzen semeln ezzen brôt:
haber der ist dir geslaht.
man liset ze Rôme an der phaht,   480
ein kint gevâhe in sîner jugent
von sînem toten eine tugent.
ein edel ritter was mîn tote:
sælic sî der selbe gote

---

454 preyn k. *W*, prein wol k. *B*.   456 E. das du gábest *B*.   457 phaerd *W*.
458 Hey sun hettest *B*.   460 War *B*, wohin *W*.   464 sunst *WB*; kan
dich dein *B*.   470 alleine *B*.   471 Er sprach du *WB*.   473 ysse *WB*;
geyslitze *W*, geislieze *B*.   475 Da man haisset *B*.   479 H. der ist *B*.
481 inder jugent *B*.   482 Noch seinen götten *B*;   ain *B*, einen *W*.
483 tot *W*, göt *B*.   484 derselbig *W*; got *WB*.

von dem ich sô edel bin   485
und trage sô hôchvertigen sin!“
Der vater sprach „nù gloube daz,
mir geviele et michel baz
ein man der rehte tæte
unt dar an belibe stæte.   490
wær des geburt ein wênic laz,
der behagte doch der welte baz
dan von küneges fruht ein man
der tugent noch êre nie gewan.
ein frumer man von swacher art   495
und ein edel man an dem nie wart
weder zuht noch êre bekant,
und koment die bêde in ein lant
dâ niemen weiz wer si sint,
man hât des swachen mannes kint   500
für den edelen hôchgeborn
der für êre schande hât erkorn.
sun, und wilt dû edel sîn,
daz râte ich ûf die triuwe mîn,
sô tuo vil edellîche.   505
guot zuht ist sicherlîche
ein krône ob aller edelkeit:
daz sî dir für wâr geseit.“
Er sprach „vater, dû hâst wâr.
mich enlât mîn hûbe und mîn hâr   510
und mîn wol stênde gewæte
niht beliben stæte.
si sint beide sô glanz
daz si baz zæmen einem tanz
danne der eiden oder dem phluoc.“   515
„Wê daz dich muoter getruoc!“

485 also *B*.   486 Vnd han also *B*.   487 nu *fehlt B*.   488 ot *B*.
492 Der geviel d. d. w. vas *B*.   496 an *fehlt B*.   497 Tugent noch *B*;
bekant *B*, nie bekannt *W*.   498 kômen (*ohne* und) *B*.   500 Da hat man.
des *B*.   502 Da für er hat *B*.   506 Gût tugent ist vil sicherleiche *B*
510 vnd *W*, noch *B*.   511 stendes *B*.   513 Die sint mir *B*.   514 Das
ich bas zim an ainē tancze *B*.   515 oder *W*, und *B*.   516 dein mûter ye
getrůg *B*.

sprach der vater zuo dem suon.

,,du wiltz beste lân untz bœste tuon.

sun, vil schœner jüngelinc,

dû solt sagen mir ein dinc,   520

ob dir wonent witze bî,

welher baz lebender sî,

dem man fluochet unde schiltet

und des al diu welt engiltet

und mit der liute schaden lebet   525

und wider gotes hulde strebet;

nû welhes leben ist reiner?

sô ist aber einer

des al diu welt geniuzet

und den des niht verdriuzet,   530

er werbe naht unde tac

daz man sîn geniezen mac,

und got dar under êret.

swelhez ende er kêret,

dem ist got und al diu welt holt.   535

lieber sun, daz dû mir solt

mit der wârheit sagen daz,

wer dir nû gevalle baz.''

,,Vater mîn, daz tuot der man,

des man niht engelten kan   540

und des man geniezen sol;

der ist lebendiger wol.''

,,lieber sun, daz wærest dû,

ob dû mir woltest volgen nû;

sô bouwe mit dem phluoge;   545

so geniezent dîn genuoge:

dîn geniuzet sicherlîche

der arme und der rîche;

---

517 Sprach aber der v. *B*; sun *WB*.   518 du wilt das peste lan vnd das
böse tun *W*, Du wilt ot laider ubel tûn *B* (*Hfm.*).   521 ob d. wonen w. bey *W*,
Ob d. wone die wirde bey *B*.   522 W⁵ has lebendig⁵ sey *B*.   523 den *W*.
524 all die *W*, die *B*.   528 aber *W*, da pey *B*.   530 des *fehlt B*.
533 eret *W*, auch eret *B*.   534 welches ennde er k. *W*, Welches ends
er sich k. *B*.   535 all die *W*, die *B*.   536 daz *fehlt B*.   546 ge-
niesset *W*.

dîn geniuzet wolf und ar
und alle crêatiure gar 550
und swaz got ûf der erden
hiez ie lebendic werden.
lieber sun, nû bouwe:
jâ wirt vil manic frouwe
von dem bouwe geschœnet; 555
manec künic wirt gekrœnet
von des bouwes stiuwer;
wan niemen wart sô tiuwer,
sîn hôchvart wære kleine,
wan durch daz bou aleine." 560
„Vater, dîner predige
got mich schiere erledige.
und ob ûz dir worden wære
ein rehter predigære,
dû bræhtest liute wol ein her 565
mit dîner predige über mer.
vernim waz ich dir sagen wil:
bouwent die gebûren vil,
si ezzent wol dester mê.
swie halt mir mîn dinc ergê, 570
ich wil dem phluoge widersagen
und sol ich wîze hende tragen.
von des phluoges schulde,
sô mir gotes hulde,
sô wære ich immer geschant, 575
swenne ich tanzte an frouwen hant."
    Der vater sprach „nû frâge,
daz dich des iht betrâge,
swâ dû sîst den wîsen bî,

549 dein geneusset der wolffe vnd der ar *W* (*Pf. nach B*). 551 vnd
was *W*, Was *B*. 553 vil l. s. *B*. 554 Es wirt *B*. 555 Von pawe wol
g. *B*. 557 steur *W*; Vnd des bawes steûrer *B*. 558 wan *fehlt B*;
tewr *W*, teûrer *B*. 559 wurd vilchlaine *B*. 560 paw *W*, baw *B*.
561 Er sprach vater *WB*. 562 Mich got *B*. 563 und *fehlt B*. 565 d.
br. ain ganczes her *B*. 570 wie *WB*. 571 dein pflûgen *B*. 572 Solt
ich swarcz h. tr. *B*. 575 So wûrd ich vil ser g. *B*. 576 wenn *W*; Wañ
ich tanczt frawen an der h. *B*. 578 des *B*, der *W*. 579 Wa *B*, wo *W*.
Helmbrecht. 3

mir troumte ein troum, waz daz sî.   580
dû hetest zwei lieht in der hant;
diu brunnen daz si durch diu lant
lûhten mit ir schîne.
lieber sun der mîne,
sus troumt mir vert von einem man;   585
den sach ich hiure blinden gân.‘‘
er sprach ,,vater, daz ist guot.
ich geláze nimmer mînen muot
umb sus getânin mære:
ein zage ich danne wære.‘‘   590
In enhalf et niht sîn lêre.
er sprach ,,mir troumte mère.
ein fuoz dir ûf der erde gie;
dû stûende mit dem andern knie
hôhe ûf einem stocke.   595
dir ragete ûz dem rocke
einez als ein ahsen drum.
sol dir der troum wesen frum,
oder waz er bediute,
des frâge wîse liute.‘‘   600
,,Daz ist sælde unde heil
und aller rîchen freuden teil.‘‘
er sprach ,,sun, noch troumte mir
ein troum, den wil ich sagen dir.
dû soltest fliegen hôhe   605
über welde und über lôhe:
ein vetich wart dir versniten,
dô wart dîn fliegen vermiten.
sol dir der troum guot sîn?
wê heude, füeze und ougen dîn!‘‘   610

585 sunst *H B*.   589 vnd sunst *H*, Durch so *B*.   591 In halff ot *B*.
592 mir entraumte m. *H*, mir traumt ot m. *B*.   593 erden *B*.   594 da
stuondest du mit d. a. knie *H*, Vnd du mit d. a. chnie *B*.   595 Stundt
auf ainē *B*.   596 do ragte dir *H*, Dir regt auch *B*.   597 achsendrumb *H*,
ächsen drüm *B*.   601 Er sprach das *H B*.   602 rîchen *fehlt H*; Vnd a.
reichtüm vnd fröden tail *B*.   605 du soltes fl. hohe *H*, Wie du soltest fl.
hoch *B*.   606 über walt u. ü. lohe *H*, V'bel veld uū über löch *B*.
607 veder *B*.   608 da *H B*; gar vermitten *B*.   610 awe *H*.

„Vater, al die tröume dîn
sint vil gar diu sælde mîn“
sprach der junge Helmbreht.
„schaf dir umb einen andern kneht:
dû bist mit mir versoumet,   615
swie vil dir sî getroumet.“
„Sun, al die tröume sint ein wint
die mir noch getroumet sint:
nû hœr von einem troume.
dû stüende ûf einem boume: 620
von dînen füezen an daz gras
wol anderhalp klâfter was:
ob dînem houbte ûf einem zwî
saz ein rabe, ein krâ dâ bî:
dîn hâr was dir bestroubet.   625
dô strælte dir dîn houbet
zeswenhalp der rabe dâ;
winsterhalp schiet dirz diu krâ.
ouwê, sun, des troumes!
ouwê, sun, des boumes!   630
ouwê des raben! ouwê der krân!
jâ wæne ich riuwic bestân
des ich an dir hân erzogen,
mir habe der troum danne gelogen.“
„Ob dir nû, vater, wizze Krist,   635
troumte allez daz der ist,
beide übel unde guot,
ich gelâze nimmer mînen muot
hinnen unz an mînen tôt.

611 V. alle träume d. _B._   614 einen (Pf. _nach_ _H_ _B._).   616 wieuil
dir _H_´, Was dir halt s. g. _B._   617 Er sprach sun all die tr. sein ein w. _H_´,
Die tröme sint alle ain w. _B._   618 Gein den die mir getraumet s. _B._
619 nu hoer von ainem (ainē _B_) tr. _H_´_B._   620 Du stûnd _B_, du stuondest _H_´.
621 füessen vntz an _H_´ (_ohne_ unz Pf.).   624 rab ain _H_´, rape vnd ein _B._
625 zerstraubet _B._   626 da _H_´_B._   627 Z. ain rab da _B_, ceswenthalbe ein
rabe sass da _H_´.   628 Vinsterhalb _B_; dirs _B_, dir _H_´.   629. 630 awe _H_´,
630 owei _B._   631 awe (We _B_) den raben awe (we _B_) den cran (chran _B_)
_H_´_B._   632 traurig müs gestan _B._   635 vater _H_´, vasser _B._   638 Zwar
ich gelas doch meinen m. _B._   639 hynnen _H_´, Nymmer _B._

3*

mir wart der verte nie sô nôt.　　　　　　　　640
vater, got der hüete dîn
und ouch der lieben muoter mîn;
iuwer beider kindelin
müezen immer sælic sîn:
got habe uns alle in sîner pflege."　　　　　645
dâ mite reit er ûf die wege;
urloup nam er zuo dem vater.
hin drâte er durch den gater.
solt ich allez sîn geverte sagen,
daz enwürde in drin tagen　　　　　　　　650
od lîhte in einer wochen
nimmer gar volsprochen.
Ûf eine burc kam er geriten,
dâ was der wirt in den siten
daz er urliuges wielt　　　　　　　　　655
und ouch vil gerne die behielt
die wol getorsten rîten
und mit den vînden strîten.
dâ wart der knappe gesinde.
an roube wart er sô swinde,　　　　　660
swaz ein ander ligen liez,
in sînen sac erz allez stiez,
er nam ez allez gemeine.
dehein roup was im ze kleine,
im enwas ouch niht ze grôz.　　　　　665
ez wære rûch, ez wære blôz,
ez wære krump, ez wære sleht,
daz nam allez Helmbreht,
des meier Helmbrehtes kint.

---

642 der *W*, die *B*.　　644 Die müssen *B*.　　646 Da mit so rait *B*.
647 zum vater *W*, da zedê vater *B*.　　648 hie trat er vber den g. *W*, Albin
so drät er durch dê gater *B*.　　650 enwurd *B*, wurde *W*.　　651 oder
leicht *W*, Oder villeicht *B*.　　653 komer *B*.　　654 in sölhem siten *B*.
655 daz er stät vrleuges w. *B*.　　656 ouch *fehlt B*.　　657. 658 streiten:
reiten *B*, *umgekehrt W*.　　659 knabe *W*, chnab *B*.　　661 was *W*, Das
wol *B*.　　662 er das st. *B*.　　664 dhain *W*, chain *B*.　　665 was *WB*.
666 oder blos *B*.　　668 alles der junge H. *W*, als der selbe chnecht *B*.
669 mayr *W*, mayers *B*.

er nam daz ros, er nam daz rint,   670
er lie dem man niht leffels wert;
er nam wambis unde swert,
er nam mantel unde roc,
er nam die geiz, er nam den boc,
er nam die ouwe, er nam den wider;   675
daz galt er mit der hiute sider.
röckel pheit dem wibe
zôch er ab dem libe,
ir kürsen unde ir mandel:
des het er gerne wandel,   680
dô in der scherge machte zam,
daz er wiben ie genam;
daz ist sicherlichen wâr.
ze wunsche im daz êrste jâr
sîne segelwinde duzzen   685
und sîniu schef ze heile fluzzen.
sines muotes wart er sô geil
dà von daz im der beste teil
ie geviel an gewinnen.
dô begunde er heim sinnen,   690
als ie die liute phlâgen
heim zuo ir mâgen.
ze hove er urloup nam
und ze dem gesinde sam,
daz si got der guote   695
hete in sîner huote.
  Hie hebet sich ein mære
daz vil müelich wære
ze verswigen den liuten.
kunde ich ez bediuten   700
wie man in dà heime emphie!
ob man iht gegen im gie?

---

670 *beide* daz *fehlen B.*   673 vnd röck *H⁻*, er nam rock *B.*   674 er
nam geis er n. bok *B* (die pöck *H'*).   675 die ob *H'*, die au *B.*   677 Rock *B.*
681 Gehabt do *H'B*; machet *H'.*   685 Sein *B.*   686 seine *H'*, sein *B.*
688 Dar umb das *B.*   689 gewinne *H'.*   693 nam *H'*, do nam *B.*   700 Ey
kund ich *B.*

nein, ez wart geloufen,
al mit einem houfen;
einez für daz ander drane,   705
vater unde muoter spranc
als in nie kalp erstürbe.
wer daz botenbrôt erwürbe?
dem knehte gap man âne fluoch
beide hemede unde bruoch.   710
sprach daz friwip und der knelit
,,wis willekomen Helmbreht?‘‘
nein, si entâten;
ez wart in widerrâten:
si sprâchen ,,junkherre mîn,   715
ir sult gote willekomen sîn.‘‘
,,vil liebe susterkindekîn,
got lâte iuch immer sælic sîn.‘‘
diu swester gegen im lief,
mit den armen si in umbeswief: 720
dô sprach er zuo der swester
,,grâtiâ vester.‘‘
hin für was den jungen gâch,
die alten zugen hinden nâch,
si enphiengn in beide âne zal.   725
zem vater sprach er ,,dêu sal;‘‘
zuo der muoter sprach er sâ
bêheimisch ,,dobraytrâ.‘‘
si sâhen beide ein ander an,
beidiu daz wîp und der man.   730
diu hûsfrouwe sprach ,,her wirt,
wir sîn der sinne gar verirt:
er ist niht unser beider kint;
er ist ein Bêheim oder ein Wint.‘‘

---

704 All *B*, alle *H*. 709 Dem gab man es âne flûch *B*. 711 das
frey weib *H*, das weib *B*. 712 bis *H B*. 716 wilkomen *B*. 717 er
sprach v. l. swester kintekin *H*, Er sprach v. liebê sûssen kinde *B*. 718 lat
lat *H*, Got las *B*. 719 di sw. entgegen im l. *H*, Gegen im sein swôster
l. *B*. 721 zder *B*. 723 dem *B*. 724 zogtê *B*. 726 zum *H*, Ze-
dem *B*; deus *B*. 728 do braytra *B*, de braytra *H*. 729 an einander
an *H*. 731 herre w. *H B*.

Der vater sprach „er ist ein Walch: 735
mîn sun den ich gote bevalch,
der ist ez niht sicherliche,
und ist ime doch gelîche."
dô sprach sîn swester Gotelint:
„er ist niht iuwer beider kint: 740
er antwurt mir in der latîn;
er mac wol ein pfaffe sîn."
„entriuwen" sprach der frîman,
„als ich von im vernomen hân,
sô ist er ze Sahsen   745
od ze Brâbant gewahsen:
er sprach „„„liebe susterkindekîn;"""
er mac wol ein Sahse sîn."
Der wirt sprach mit rede sleht
„bist duz mîn sun Helmbreht,   750
dû hâst mich gwunnen dâ mite,
sprich ein wort nâch unserm site,
als unser vordern tâten,
sô daz ichz müge errâten.
dû sprichest immer „„„dên sal,""   755
daz ich enweiz zwin ez sal.
êre dîne muoter unde mich,
daz dien wir immer umbe dich,
sprich ein wort tiutischen:
ich wil dir dînen hengest wischen,   760
ich selbe unde niht mîn kneht,
lieber sun Helmbreht;
daz du immer sælic müezest sîn!"
„ey waz sakent ir gebûrekîn

735 vater *H*, wirt *B*.   736 meinen *H*; enpfalch *B*.   738 doch gar
âuleich *B*.   739 Da *H*.   nach 740 Do ich im eugegen gieneh Und in
mit armen umbevieuch *B*.   741 antwurtet *H*; Do a. er mir latin *B*, in der
latein *H*.   743 frey man *B*.   746 oder *HB*.   747 l. swester kindekin *H*,
liebe kindelein *B*.   748 Des mag er wol *B*.   750 Pistn *B*.   751 ge-
wunnen *HB*.   753 vnsere vordere *H*.   755 sprachest *H*; deus *B*.
758 dienen *HB*.   759 Nu spr. ain w. endeutschê *B*.   760 Dein pfärt wil
ich dir wische *B*.   761 selb *B*, selben *H*; mein *B*, dein *H*.   763 immer
fehlt B.   764 sackent *H*, sagt *B*; gebäurekein *B*.

und jenez gunêrte wîf?   765
mîn parit, minen klâren lîf
sol dehein gebûrik man
zwâre nimmer grîpen an."
des erschrac der wirt vil sêre.
dô sprach er aber mêre: 770
„bistuz Helmbreht mîn suon,
ich siude dir noch hînte ein huon
und brâte dir ab einez,
daz rede ich niht meinez.
und bist duz niht Helmbreht, mîn kint,   775
sît ir ein Bêheim oder ein Wint,
sô vart hin zuo den Winden.
ich hân mit mînen kinden
weizgot vil ze schaffen:
ich gibe ouch keinem phaffen   780
niht wan sîn barez reht.
sît irz niht Helmbreht,
het ich dan alle vische,
irn twalt bî mînem tische
durch ezzen nimmer iuwer hant.   785
sît ir ein Sahse od ein Brâbant,
oder sît ir von Walhen,
ir müezet iuwer malhen
mit iu hân gefüeret.
von iu wirt gerüeret   790
des mînen niht zewâre,
und wær diu naht ein jâre.
ich enhân den mete noch den wîn:
junkherre, ir sult bî herren sîn."

---

765 Vnd diez ungerte wief *B.*   766 mein pert und mein chlare lief *B.*
767 S. d. gepurick man *H*, Sol dechain gebaureckein man *B.*   768 gryppen *B*,
gegripen *H*.   770 da *H*.   772 Ich hais sieden dir ain hün *B.*   773 ab]
aber *H*, darezü *B*; eines *H*, aines *B.*   774 meines *H*, maines *B.*   775 bistu aber
nicht mein kint *B.*   780 dhainem *H*, dechainē *B.*   782 irs *H*, ir ez *B.*   783
Vnd het ich a. v. *B.*   784 ir entwacht *B*, ir twacht *H*.   786 oder *H B.*
788 So möcht ir ew⁵ malhen *B*, ir müesset es in iuwer m. *H* (*ohne* ez *in Pf.*).
789 mit euch *H*, Mit euch wol *B.*   790 V. euch w. nicht g. *H*, Von euch
so w. g. *H*.   791 nicht *H B*; zware (: jare) *H B.*   794 bey den h. *H*.

Nû was ez harte spâte.   795
der knabe wart ze râte
in sîn selbes muote,
„sam mir got der guote,
ich wil in sagen wer ich sî.
ez ist hie nindert nâhen bî   800
ein wirt der mich behalte.
niht guoter witze ich walte
daz ich mîn rede verkêre:
ichn tuon ez nimmer mêre.“
er sprach „jâ bin ich ez der.“   805
der vater sprach „nû saget, wer?“
„der dâ heizet alsam ir.“
der vater sprach „den nennet mir.“
„ich bin geheizen Helmbreht;
iuwer sun und iuwer kneht   810
was ich vor einem jâre:
. daz sage ich iu zewâre.“
der vater sprach „nein ir.“
„ez ist wâr.“ „sô nennet mir
mîn ohsen alle viere.“   815
„daz tuon ich vil schiere.
der ich dô wîlen pflegte
und mînen gart ob in wegte,
der eine heizet Ouwer;
ez wart nie gebouwer   820
sô rîche noch sô wacker,
er zæme ûf sînem acker.
der ander der hiez Râeme;
nie rint sô genæme
wart geweten under joch.   825
den dritten nenne ich iu noch:

---

796 des ward der chnapp zerate *B.*   799 in] euch *WB* (in? *Haupt*).
804 Ich entûn *B*, ich tun *W.*   805 ich es *B*, ichs *W.*   806. 808 vater *W*,
wirt *B.*   812 zware *W*, fürware *B.*   813 zwar nain ir *B.*   816 Dat tü
ot ich *B.*   817 da *WB.*   819 ower *W*, awer *B.*   820 gepaur *W*,
gebawer *B.*   821 So reich noch also w. *B.*   822 seinē *B.*   823 haisset
(*auch* 831) *B*; räme *B*, rame (: genæme) *W.*   824 Ain r. also g. *B.*
825 Ward nye g. *B.*   826 So nenn ich euch d. dr. noch *B.*

der was geheizen Erge.
ez komt von mîner kerge
daz ich si kan genennen.
welt ir mich noch erkennen?   830
der vierde der hiez Sunne.
ob ichs genennen kunne,
des lât mich geniezen,
heizet mir daz tor ûf sliezen.‘‘
der vater sprach „tür unde tor,   835
dâ solt dû niht sîn lenger vor;
beide gadem unde schrîn
sol dir allez offen sîn.‘‘
    Unsælde si verwâzen!
ich bin vil gar erlâzen   840
sô guoter handelunge
als dâ het der junge.
sîn phärt wart enphettet,
im selben wol gebettet
von swester und von muoter.   845
der vater gap daz fuoter
weizgot niht mit zadele.
swie vil ich var enwadele,
sô bin ich an deheiner stete
dâ man mir tuo als man im tete.   850
diu muoter rief die tohter an:
„dû solt loufen und niht gân
in daz gadem unde reich
einen polster unde ein küsse weich.‘‘
daz wart im under den arm   855
gelegt ûf einen oven warm,
dâ er vil sanfte erbeit
unz daz ezzen wart bereit.
    Dô der knabe erwachet,
daz ezzen was gemachet,   860

829. 832 ich sy *B*, ichs *H'*.   833 mich nû g. *B*.   839 On sêlde *H'*.
812 da hat *H'*, alda het *B*.   844 Im selb ward wol g. *B*.   847 zadel *B*,
zodel *H'*.   848 wie *H B*; entwadel *H'B*.   851 rüefft *H'*.   855 seinen arm *B*.
857 sanft auf erbait *B*.   859 chnappe *B*; erwachte *H'*.   860 gemachte *H'*.

und er die hende het getwagen,
hœrt waz für in wart getragen.
ich wil in nennen d'ersten traht:
wær ich ein herre in hôher aht,
mit der selben rihte   865
wolt ich haben phlihte:
ein krût vil kleine gesniten;
veizt und mager, in béden siten,
ein guot fleisch lac dâ bî.
hœret waz daz ander sî: 870
ein veizter kæse, der was mar;
diu rihte wart getragen dar.
nû hœrt wie ich daz wizze.
nie veizter gans an spizze
bî fiure wart gebrâten: 875
mit willen si daz tâten,
ir deheinen des verdrôz;
si was michel unde grôz,
gelich einem trappen;
die sazt man für den knappen.   880
ein huon gebrâten, einz versoten,
als der wirt het geboten,
diu wurden ouch getragen dar.
ein herre næme der spîse war,
swenn er gejeides phlæge   885
und ûf einer warte læge.
noch spîse maneger hande,
daz gehûre nie bekande
alsô guote lipnar,
truoc man für den knaben dar.   890
der vater sprach „und het ich wîn,
des müeste hinte getrunken sîn.

---

861 het zwagen *H'*, het getwagen *B*.   863 die ersten *H B*.   864 in *H'*,
von *B*.   867 was vil *B*.   870 Nû hôret *B*.   872 ward auch *B*.   875 bey
dem feur *H'*.   877. 878 *umgestellt B*.   877 ir dhaines *H'*, Ir dechaines *B*.
880 knaben (: trappen) *H'*.   881 aines v. *H'*, vnd ains gesotten *B*.   882 Der
wirt daz het gepotten *B*.   884 näm *B*, nam *H'*.   885 Wen *B*, wann *H* :
gejäges *B*.   888 erkande *B*.   889 als guot *H'*, Vnd also güte *B*.   890 Die
trüg — chnappen d. *B*.   892 muesset *H'*; heut *H'*, heint *B*.

lieber sun mîn, nû trinc
den aller besten ursprinc
der ûz erden ie geflôz; 895
ich weiz niht brunnen sîn genôz,
wan ze Wankhûsen der:
den tregt et uns nû niemen her."
Dô si dô mit freuden gâzen,
der wirt niht wolte lâzen, 900
er frâgte in der mære
wie der hovewîse wære
dâ er wære gewesen bî.
"sage mir, sun, wie der sî;
sô sag ich dir denne 905
wie ich etewenne
bî mînen jungen jâren
die liute sach gebâren."
"vater mîn, daz sage mir;
zehant sô wil ich sagen dir 910
swes dû mich frâgen wil:
der niuwen site weiz ich vil."
"Wîlen dô ich was ein kneht
und mich dîn ene Helmbreht,
der mîn vater was genant, 915
hin ze hove het gesant
mit kæse und mit eier,
als noch tuot ein meier,
dô nam ich der ritter war
und markte ir geverte gar. 920
si wâren hovelîch unde gemeit
und kunden niht mit schalkheit,
als nû bî disen zîten kan

---

893 mîn *fehlt* *W.* 895 Der aus der c. *B.* 896 ich w. nyndert s.
g. *B.* 897 dañ ze leubenbach der *B.* 898 Den trait uns aber nū
nyeman her *B.* 899 da sy do mit *H'*, Do sy mit *B.* 902 der hof-
weisz *H'*, der hofweyse *B* (-wise *Pf.*). 906 ettwenne *H'*, entwenne *B.*
908 da sach *B.* 911 w. du wilt fr. mich *B.* 912 siten *H'*; Der neuwen
siten weis ich dich *B.* 913 Der vater sprach do ich waz chnecht *B.*
916 Hincz ze *B*; hat *H'*. 917 käs *B*, käsen *H'*. 919 da *H'*. 920 merckte
H'B. 921 hoflich *H'*, schön *B.* 923 nū *B*, man *H'*.

manie wîp und manie man.
die ritter heten einen site,   925
dâ liebtens sich den frouwen mite:
einez ist buhurdiern genant,
daz tet ein hoveman mir bekant,
dô ich in frâgte der mære
wie ez genennet wære.   930
si fuoren sam si wolten toben
(dar umbe hôrte ich si loben),
ein schar hin, diu ander her;
ez fuor diser unde der
als er enen wolte stôzen.   935
under mînen genôzen
ist ez selten geschehen
daz ich ze hove hân gesehen.
als si danne daz getâten,
einen tanz si dô getrâten   940
mit hôchvertigem gesange:
daz kurzt die wîle lange.
vil schiere kam ein spilman;
mit sîner gîgen huop er an:
dô stuonden ûf die frouwen   945
(die möht man gerne schouwen),
die ritter gegen in giengen,
bî handen si si viengen.
dâ was wunne überkraft
von frouwen und von ritterschaft   950
in süezer ougen weide.
junkherren unde meide,
si tanzten frœliche,
arme unde rîche.
als des danne nimmê was,   955

---

926 liebten sy sich *H B.*   928 mir ein h. *H´*, mir ainer do *B.*
932 hort *H´*, so hort *B.*   934 dirr *B.*   935 enen *H´*, den andern *B.*
940 danne *H´*, da *B* (dô getrâten *Pf.*).   942 die *H´*, in die *B.*   943 kom
dañ ein *B.*   945 da *H´*, So *B.*   946 möcht *H´*, mocht *B.*   949 Da
was dañ wun vñ uber chraft *B.*   954 Baid arm *B.*   955 des danñ
nymmer *H´*, dañ des nicht mer *B.*

sô gie dar einer unde las
von einem der hiez Ernest.
swaz ieglich aller gernest
wolte tuon, daz vander.
dô schôz aber der ander 960
mit dem bogen zuo dem zil.
maneger freude was dâ vil:
ener jagte, dirre birste.
der dô was der wirste,
der wære uns nû der beste. 965
wie wol ich etewenne weste
waz triuwe und êre mêrte
ê ez valscheit verkêrte!
die valschen und die lôsen,
die diu reht verbôsen 970
mit ir listen kunden,
die herrn in dô niht gunden
dâ ze hove der spîse.
der ist nû der wîse,
der lôsen unde liegen kan; 975
der ist ze hove ein werder man
und hât guot und êre
leider michels mêre
danne ein man der rehte lebet
und nâch gotes hulden strebet. 980
als vil weiz ich der alten site.
sun, nû êre mich dâ mite
und sage mir die niuwen.“
„Daz tuon ich entriuwen.
daz sint nû hovelîchiu dinc: 985
„„„trinkâ, herre, trinkâ trinc!
trinc daz ûz; sô trinke ich daz.

wie möhte uns immer werden baz?""
vernim waz ich bediute.
ê vant man werde liute   990
bî den schœnen frouwen:
nû muoz man si schouwen
bî dem veilen wîne.
daz sint die hœhsten pîne
den âbent und den morgen,   995
wie si daz besorgen,
ob des wînes zerinne,
wie der wirt gewinne
einen der sî als guot,
dâ von si haben hôhen muot.   1000
daz sint nû ir brieve und minne,
,,,,vil süeze litgebinne,
ir sult füllen uns den maser.
ein affe und ein narre waser,
der ie gesente sînen lîp   1005
für guoten wîn umbe ein wîp.""
swer liegen kan, der ist gemeit;
triegen daz ist hövescheit;
er ist gefüege, swer den man
mit guoter rede versnîden kan;   1010
swer schiltet schaleliche,
der ist nû tugentrîche.
der alten leben, geloubet mir,
die dâ lebent alsam ir,
der ist nû in dem banne   1015
und ist wîbe und manne
ze genôze als mære
als ein hâhære.
âht und ban daz ist ein spot.''

989 V. recht was *B*.   994 Da sint *B*.   999 Ainen andern der sy also
güt *B*.   1001 das sint nu ir briefe von myune *H*, Das sint ir brief vnd
minne *B*.   1002 leitg. *H*⁻, laidg. *B*.   1003 Nū fült vns wol den naser *B*.
1004 unde *fehlt B*; wasser *B*.   1005 hofischait *H*, höhpschait *B*.   1009 wer
H, nū wer *B*.   1013 lebnt *B*.   1015 die sint *B*.   1016 Vnd sind *B*.
1017 Zu genos also m. *B*.   1018 Alsam *B*.

Der vater sprach „daz erbarme got   1020
und sî im immer gekleit
daz diu unreht sint sô breit.
die alten turnei sint verslagen,
und sint die niuwen für getragen.
wîlen hôrte man kroyieren sô: 1025
„„heyâ, ritter, wis et frô!"" "
nû kroyiert man durch den tac
„„jagâ, ritter, jagâ jac!
stichâ stich! slahâ slach!
stümbel den der ê gesach;   1030
slach mir dem abe den fuoz;
tuo mir dem der hende buoz:
dû solt mir disen hâhen,
und enen rîchen vâhen,
der gît uns wol hundert phunt."" "   1035
„Mir sint die site alle kunt.
vater mîn, wan daz ich enwil,
ich trouwe dir gesagen vil
niuwan von den niuwen siten.
ich muoz slâfen; ich hân vil geriten;   1040
mir ist hînt ruowe nôt."
dô tâten si als er gebôt.
lîlachen was dâ fremde;
ein niuwewaschen hemde
sîn swester Gotelint dô swief   1045
über daz bette dâ er slief
unz ez hôhe wart betaget.
wie er nû vert, daz wirt gesaget.
   Ez ist billîch unde reht
daz der junge Helmbreht   1050

1020 Der alt *B*, der alte *W'*.   1022 berait *W'*.   1025 hort *W'B*;
kroyren *W'*, grogieren *B*.   1026 Ileya *B*, helt *W'*; wis ot *B*, weset *W'*.
1027 kroyeret *W'*, grogiert *B*.   1028 iage rinder iage iag *W'*.   1029 schlahe
schlach *W'*.   1031 disem *B*.   1032 Vnd tû mir dem *B*.   1034 vnd enem
r. nahen *W'*, Vnd einen r. vahen *B*.   1035 Der vns geb wol *B*.   103S Ich
getraut *B*.   1039 Nū wan von *B*, nun von *W'*.   1040 vil *fehlt B*.
1042 da tetten *W'*.   1043 was da *W'*, waren im *B*.   1044 new waschen *B*,
new gewaschen *W'*.   1047 was *B*.

ûz ziehe, ob er iht bringe
von hove gämelicher dinge
dem vater der muoter und der swester.
jâ zewâre, unde wester
waz ez allez wære, 1055
ir lachtet der mære:
dem vater er bråht ein wetzestein,
daz nie mäder dehein
in kumpf bezzern gebant,
und eine segense, daz nie hant . 1060
sô guote gezôch durch daz gras:
hey welch gebûrkleinôt daz was!
und bråht im ein bile,
daz in maneger wîle
gesmit sô guotez nie kein smit, 1065
und eine hacken dâ mit.
einen fuhspelz sô guoter,
den bråhte sîner muoter
Helmbreht der junge knabe:
den zôch er einem phaffen abe; 1070
ob erz roubte oder stæle,
vil ungerne ich daz hæle,
· wer ich sîn an ein ende komen.
einem krâmer hete er genomen
ein sîdîn gebinde; 1075
daz gap er Gotelinde,
und einen borten wol beslagen,
den billicher solte tragen
eines edelen mannes kint
dan sîn swester Gotelint. 1080

1056 lachet *H*, lachet gnûg *B*.　　1057 bracht er *H*; einen *H*,
ainen *B*.　　　1060 ein (ain *B*) segens *H'B*.　　　1062 hey welch gepawr
kleinat das was *H*, die Zeile fehlt in *B*.　　1063 im auch ain *B*.
1065 geschmit *H*, Gesmitt *B*; chain *B*, dhain *H*.　　1066 vnd ain hagken
damit *H*, Vnd ain holtzhacken auch mit *B*.　　1068 braht er s. *H'B* (ohne
er *Pf*.).　　1073 kumen *H*.　　1074 genomen *B*. genumen *H* (bei Haupt
umgekehrt).　　　1075 ein seyden gepinden *H*, Aine seydine binden *B*.
1076 das *H*, Die *B*; Gollinden *H*, Götlinden *B*.　　1077 port abgeschlagen *H*,
borten wol beslagen *B*.

dem knehte schuoch mit riemen.
die het er ander niemen
sô verre gefüeret
noch mit handen gerüeret:
sô hövesch was Helmbreht: 1085
wære er noch sînes vater kneht,
er het in lâzen âne schuoch.
dem frîwîbe ein houbettuoch
brâht er unde ein bendel rôt;
der zweier was der dierne nôt.   1090
    Nû sprechet wie lange sî
der knabe dem vater bî.
siben tage, daz ist wâr.
diu wîle dûhte in ein jâr
daz er niht enroubte.   1095
zehant er urloubte
von vater und von muoter.
„neinâ, lieber sun vil guoter,
ob dû trouwest geleben
des ich dir hân ze geben   1100
immer unz an mîn ende,
sô sitz und twach dîne hende;
gene niuwan ûz unt in.
sun, tuo die hovewîse hin;
diu ist bitter unde sûr.   1105
noch gerner bin ich ein gebûr
danne ein armer hoveman
der nie huobegelt gewan
und niuwan zallen zîten
ûf den lîp muoz rîten   1110
den âbent und den morgen
und muoz dar under sorgen

swenn in sîne vinde vâhen,
stümbeln unde hâhen."
„Vater" sprach der junge,   1115
„dîner handelunge
der solt dû immer haben danc.
doch sît ich niht wînes tranc
des ist mêr danne ein woche:
des gürte ich drîer loche   1120
an der gürtel mîn hinhinder.
ich muoz et haben rinder   .
ê diu rinke gestê
an der stat dâ si was ê.
ez werdent phlüege gesûmet   1125
und rinder ûf gerûmet
ê mir der lip geraste
und aber wider gemaste.
mir hât ein rîcher getân
sô leide daz mir nie man   1130
alsô vil getân hât.
über mînes toten sât
sach ich in eines rîten.
möht et erz erbîten,
er giltet mir mit houfen.   1135
sîniu rinder müezen loufen,
sîniu schâf, sîniu swin,
daz er dem lieben toten mîn
alsô zertrat sîn arbeit:
daz ist mir inneclîchen leit.   1140
noch weiz ich einen rîchen man,
der hât mir leit ouch getân,
der az zuo den kraphen brôt:
rich ich daz niht, sô bin ich tôt.

1113 wenn *H'B*; sein veinde *B*, sein veint *H'*.   1114 Vnd stümmeln
oder h. *B*.   1118 Doch seint i. n. wein tr. *B*.   1119 me *B*.   1121 ohne
min *B*.   1122 ot *B*.   1123 ringge mir g. *B*.   1125 werden *H B*.
1129 reicher *H'*, richter *B*.   1131 vil zelaid g. *B*.   1132 töten *H'*,
göten *B*.   1134 moht et ers *H'*, Möcht ers *B*.   1136 Sein *B* (sîniu *Pf.*).
1138 tötten *H'*, göte *B*.   1139 betrat *B*.   1142 Der mir auch laide
hat g. *B*.   1143 Der ausz zu dem *B*.

4*

noch weiz ich einen rîchen,   1145
daz mir sicherlîchen
deheiner leider nie getete;
durch eines bischoves bete
wolt ich ez niht enlân
daz er mir leides hât getân."   1150
der vater sprach „waz ist daz?"
„er lie die gürtel wîter haz,
do er saz ob sînem tische.
bey waz ich des erwische
daz dâ heizet sîn!   1155
daz muoz allez wesen mîn
daz im ziuhet phluoc unt wagen.
daz hilfet mir daz ich sol tragen
gewant ze wîhnahten,
swie ich daz mac betrahten.   1160
wes wænt et er vil tumber gouch,
zwâre und etelîcher ouch
der mir herzen leit hât getân?
liez ich daz ungerochen stân,
so wære ich nicht ein frecher.   1165
der blies in einen becher
den schûm von dem biere:
und ræche ich daz niht schiere,
sô würde ich nimmer frouwen wert,
zwâre, und solte ouch nimmer swert   1170
gürten umbe mîne sîten.
man hœret in kurzen zîten
von Helmbrehte mære
daz wîter hof wirt lære;
und vinde ich niht den selben man,   1175
sô trîbe ich doch diu rinder dan."

1149 wolt ichs n. lan *H'*.   1152 weiter *H'*, nid' *B.*   1154 Ey *B.*
1157 zeuhet *H B.*   1159 zu disen w. *B.*   1160 wie *H'B*; getrachten *B.*
1161 waenet et *H'*, wänet *B.*   1163 hat herzelaid g. *B.*   1166 Er *B.*
1168 und *fehlt B.*   1170 Oder ich solte n. sw. *B.*   1171 Gegürten *B*;
vmb mein *H'*, vmb meine *B.*   1173 Helmprechten *H B.*   1175 und *fehlt H'*.

Der vater sprach „nû nenne mir,
daz ichz immer diene hin ze dir,
dîne gesellen die knaben
die dich daz geléret haben 1180
daz dû dem rîchen manne
sîne habe nemest danne,
so er zuo den kraphen izzet brôt;
die nenne mir, des ist mir nôt."
„Das ist mîn geselle Lemberslint 1185
und Slickenwider; die zwêne sint
von den ich hân die lêre.
noch nenne ich dir mêre.
Hellesac und Rütelschrîn,
daz sint die schuolmeister mîn, 1190
Küefrâz und Müschenkelch.
nû sich, herre vater, welch
knaben sint an der schar.
die sehse ich hân genennet gar.
mîn geselle Wolvesguome, 1195
swie liep im sî sîn muome
sîn base sîn œheim und sîn veter,
und wære ez hormunges weter,
er lât niht an ir libe
dem manne noch dem wibe 1200
einen vaden vor ir scham,
den fremden und den kunden sam.
mîn geselle Wolvesdrüzzel,
ûf tuot er âne slüzzel
alliu slôz und îsenhalt. 1205
in einem jâre ich hân gezalt
hundert îsenhalt grôz,

1177 sun mêne m. B.   1178 Das dien ich ynmer gegen dir B.
1179 Dein g. die bösen chn. B.   1182 habe B, habest W.   1183 zudem B.
1185 er sprach das ist mein W, Er sprach mein B.   1186 Schlickenwider W,
sleich wider B.   1187 die] dise WB.   1189 Helle sach B.   1193 Chnap-
pen das sint B.   1194 die sechsse (sechs B) han ich WB.   1195 wolfs-
gûm (: mûm) B.   1196 wie WB.   1197 das letzte sin fehlt B.   1200 noch B,
vnd W.   1201 vor B, an W.   1202 Dem frömden vnd kunden sam B.
1203 Vnd mein B.   1206 han ich WB.

daz ie daz slôz danne schôz,
als er von verren gie dar zuo.
ros ohsen unde manie kuo　　　　　　　　　1210
ungezalt sint beliben
diu er ûz hove hât getriben,
daz ie daz slôz von siner stat
schôz, swenn er dar zuo trat.
noch hân ich einen compân,　　　　　　　　1215
daz nie knappe gewan
einen namen alsô hovelich;
den gap im diu herzoginne rîch,
diu edele und diu frîe,
von Nônarre Narrîe:　　　　　　　　　　　1220
der ist geheizen Wolvesdarm.
ez sî kalt oder warm,
roubes wirt er nimmer vol.
diupheit tuot im sô wol,
der enwirt er nimmer sat.　　　　　　　　1225
einen fuoz er nie getrat
ûz der übele in die güete.
im strebet et sîn gemüete
gegen der übeltæte
als diu krâ tuot zuo der sæte."　　　　　　1230
　Der vater sprach „nû sage mir
wie si sprechen hin ze dir,
ieglich dîn geselle,
sô er dir rüefen welle."
„vater mîn, daz ist mîn name,　　　　　　　1235
des ich mich nimmer geschame,
ich bin genant Slintezgeu.

1208 danne *B.*　　　1210 manige *W′.*　　　1211 die ung. sint b. *W′B.*
1212 die *W′B;* hofe *W′,* höfen *B.*　　　1214 schos wenn — tr. *W′,* Fürder
schos wan er dar trat *B.*　　　1215 kumpan *B.*　　　1216 knabe g. *W′,* chnappe
me g. *B.*　　　1217 als *B.*　　　1220 von Nonarre Nareye *W′,* Von nanarre
hylarye *B.*　　　1221 wolfsda‘m *B,* Wolfflarm *W′.*　　　1224 also *B.*　　　1225 wirt *B.*
1227 aus der vbel *W′,* Aus ubel *B.*　　　1228 strebt *W′,* strebt ot *B.*　　　1229 Gein
d. üblen t. *B.*　　　1232 Lieber sun wie sprechǖs dir *B.*　　　1234 dich *W′.*
1235 mein n. *W′,* ain n. *B.*　　　1236 D. i. m. vil wenich scham *B.*　　　1237 ge-
nant Slintzgew *W′,* genennet slinezgew *B.*

die gebûren ich vil selten freu
die mir sint gesezzen.
ir kint müezen ezzen   1240
ûz dem wazzer daz koch.
leider tuon ich in noch:
dem ich daz ouge ûz drücke,
disen houwe ich in den rücke,
disen binde ich in den âmeizstoc,   1245
enem ziuhe ich den loc
mit der zange ûz dem barte,
dem andern rîze ich die swarte,
enem mülle ich die lide,
disen henke ich in die wide   1250
bî den sparrâdern sîn.
daz die bûren hânt daz ist mîn.
swâ unser zehen rîten,
ob unser zweinzec erbîten,
daz ist umb alle ir êre,   1255
ob ir noch wære mêre."
  „Sun, die dû dâ nennest,
swie wol dû si erkennest,
baz dan ich, vil liebez kint,
doch swie ræze si dâ sint,   1260
sô got wil selbe wachen,
sô kan ein scherge machen
daz si tretent swie er wil,
wær ir noch dristunt als vil."
  „Vater, daz ich ê tete,   1265
hin für durch aller künege bete
wolte ich sîn nimmêre tuon.
manege gans und manic huon,

1238 ich wenich frôw *B.*   1240 kinder *B.*   1241 choch *B.*   1242 Dar
zu tün ich in laider noch *B.*   1244 habe *H*, plew *B* (howe ich *Pf.*).
1245 den b. *B.*   1246 Disem z. i. seinen l. *B.*   1247 zangen *B.*
1249 einem mülle *H*, Ainē müll *B* (enem *Pf.*).   1250 hengk *H*, heng *B.*
1252 banrē habnt *B*, gepaurn hand *H*.   1253 Wa *B*, wo *H*.   1257 Er
sprach sun *H B.*   1258. 1260. 1263 wie *H B.*   1261 selbe *B*, selber *H*.
1265 er sprach vater *H B.*   1267 Wil *B*; nymmer *H B.*   1268 manig
g. *H*, Manich g. *B.*

rinder kæse unde fuoter
hân ich dir und miner muoter 1270
gefridet vor miner sellen vil:
des ich nû nimmer tuon wil.
ir sprechet alze sêre
frumen knaben an ir êre,
der deheiner nimmer missetuot, 1275
er roube, er stele daz guot.
betet irz niht verkallet
noch sô vil ûf uns geschallet,
iuwer tohter Gotelinde
die wolte ich Lemberslinde 1280
mime gesellen hân gegeben;
sô hete si daz beste leben
daz ie wîp bî einem man
ze der welte ie gewan.
kürsen mantel lînwât, 1285
als ez diu kirche beste hât,
des gæbe er ir den vollen hort,
hetet ir sô scherphiu wort
gegen uns niht gesprochen.
und woltes alle wochen 1290
ein iteniuwez slegerint
ezzen, daz hete Gotelint."
„Nû hœre, swester Gotelint,
dô mîn geselle Lemberslint
mich von êrste um dich bat, 1295
dô sprach ich an der selben stat:
„„ist ez dir beschaffen unde ouch ir,
daz solt dû wol gelouben mir
daz ez dich niht sol riuwen.
ich weiz si in den triuwen, 1300

des wis gar ân angest,
daz dû iht lange hangest,
si slahe dich mit ir hant abe
und ziehe dich zuo dem grabe
ûf die wegescheide.   1305
wîrouch und mirre beide,
vil sicher dû des wesen maht,
dâ mite si dich alle naht
umbegât ein ganzez jâr:
daz wizze für wâr,   1310
si rouchet dîn gebeine,
diu guote und diu reine.
ob dir diu sælde widervert
daz dir blintheit wirt beschert,
si wîset dich durch alliu lant   1315
wege und stege an ir hant.
wirt dir der fuoz abe geslagen,
si sol dir die stelzen tragen
ze dem bette alle morgen.
wis ouch âne sorgen,   1320
ob man dir zuo dem fuoze
der einen hende huoze,
si snidet dir unz an den tôt
beide fleisch unde brôt.""
wider mich sprach dô Lemberslint   1325
,,,,nimt mich dîn swester Gotelint,
ze morgengâbe ich wil ir geben,
daz si dester baz mac leben.
ich hân voller secke drî,
die sint swære als ein blî.   1330
der eine ist vol unversniten
klein lînîn tuoch in den sîten,

1302 nicht B.   1303 slach WB.   1304 zeucht WB; dich selb zdem
gr. B.   1306 mirre die baide W´, mirrē die baiden B.   1310 D. gelaub
mir fur w. B.   1314 daz dir die pl. W´.   1316 weg vnd steg WB.
1320 ân alle s. B.   1323 sneydet B, schneidet W´ (snidet — den Pf.).
1325 da W.   1327 ze morgengab wil ich WB, ze m. wil ich g. Hofm.
(ohne ir), wil i'r Pf., ich ir wil Lambel.   1330 als W´, sam B.

swer sîn ze koufe gert,
diu ein ist fünfzehn kriuzer wert:
die gâbe sol si prîsen.   1335
in dem andern ligent rîsen,
vil röckel unde hemde
(armuot wirt ir fremde,
wird ich ir man und si mîn wîp):
daz gibe ich allez an ir lîp   1340
zwâre an dem næhsten tage,
und immer mêr swaz ich bejage.
der dritte sac der ist vol,
ûf und ûf geschoppet wol,
fritschâl brûnât, vêhe veder   1345
dar under zwô, der ietweder
mit scharlât ist bedecket,
und dâ für gestrecket
einez, heizet swarzer zobel:
die hân ich in einem tobel   1350
hie nâhen bî verborgen;
die gibe ich ir morgen.'''
daz hât dîn vater undervarn.
Gotelint, got miteze dich bewarn!
dîn leben wirt dir sûwer.   1355
sô dich nû ein gebûwer
nimt ze sîner rehten ê,
so geschach nie wîbe als wê.
bî dem muost dû niuwen
dehsen swingen bliuwen   1360
und dar zuo die ruoben graben.   •
des hete dich alles überhaben
der getriuwe Lemberslint.

1333 ze kauffe *H'*, da zuhofe *B*.   1334 die elle ist wol fünftzehen
kreutzer wert *H'*, Die ell wär fünfzehñ hall' werd *B*.   1337 vnd darzû h. *B*.
1338 vil fr. *B*.   1340 ich ir alles *H'B*.   1342 waz *B*, was *H'*.   1343 sack
ist auch vol *B*.   1344 geladen *B*.   1345 Fritschat *B*; prunat *H'*, braunat *B*;
vech *B*.   1347 schatlar *H'*, scharlach *B*.   1350 Die h. ich hie pey ïaïnë
kobel *B*.   1351 Nahen hie v. *B*.   1355 *fg.* saur: gepaur *B*, saur: ge-
baur *H'*, *ebenso* 1367 *fg.*   1358 als *H'*, so *B*.   1359 Peý dem so
mûstu neuwen *B*.   1360 d. sw. vnd pleuen *H'*.   1362 het *B*, hat *H'*.

ouwê, swester Gotelint,
diu sorge muoz mich smerzen, 1365
sol an dînem herzen
als unedel gebûwer,
des minne dir wirt sûwer,
immer naht entslâfen!
wâfen, herre, wâfen 1370
geschrirn über den vater dîn!
jâ enist er niht der vater mîn.
für wâr wil ich dir daz sagen:
dô mich mîn muoter het getragen
fünfzehen wochen, 1375
dô kom zuo ir gekrochen
ein vil gefüeger hoveman.
von dem erbet mich daz an
unde ouch von dem toten mîn
(die bêde müezen sælic sîn) 1380
daz ich alle mîne tage
mînen muot sô hôhe trage."
Dô sprach sîn swester Gotelint
„jâ wæne ouch ich sîn kint
von der wârheit niht ensî. 1385
ez lac mîner muoter bî
geselliclîche ein ritter kluoc,
dô si mich an dem arme truoc.
der selbe ritter si gevie,
dô si den âbent spâte gie 1390
suochen kelber in dem Lôhe:
des stêt mîn muot sô hôhe.
lieber bruoder Slintezgen,
daz dich mîn trehtîn gefreu"
sprach sîn swester Gotelint, 1395

1364 awe *W*. 1365 die *W*, Dein *B*. 1372 ja er ist n. *W*. 1374
het tragen *B*. 1376 da *W*. 1378 dem so erbet *B*. 1379 v. d. tôten *W*,
vō den gôtten *B*. 1383 da *W*. 1384 ia wann auch ich s. k. *W*, Ja
wen auch ich das ich s. k. *B*. 1385 icht *W*. 1389 ritter *W*, herre *B*.
1390 da *W*; des abendes *B*. 1391 in den loch *B*. 1392 Des stet auch
mir m. müt hoch *B*. 1393 vil lieber *B*.

,,schaf daz mir Lemberslint
werde gegeben ze manne:
so schriet mir min pfanne,
so ist gelesen mir der win
und sint gefüllet mir diu schrin,　　　　　　　　　1400
so ist gebrouwen mir daz bier
unde ist wol gemalen mier.
werdent mir die secke dri,
so bin ich armüete fri,
so han ich z'ezzen und ze hül;　　　　　　　　　1405
sich waz mir gewerren sül!
so bin ich alles des gewert
des ein wip an manne gert.
ouch trouwe ich in gewern wol
des ein man haben sol　　　　　　　　　1410
an einem starken wibe:
daz ist an minem libe;
swaz er wil daz han ich.
ez sumet wan min vater mich.
wol dri stunt ist vester　　　　　　　　　1415
min lip dan miner swester
do man si ze manne gap.
des morgens gie si ane stap
und starp niht von der selben not.
ich wæne ouch wol daz mir der tot　　　　　　　　　1420
da von iht werde ze teile,
ez si dan von unheile.
bruoder min, geselle,
daz ich mit dir reden welle,
durch minen willen daz verswic.　　　　　　　　　1425
ich trite mit dir den smalen stic
an die Kienliten;

1396 schaffe *H*, Nü schaffe *B*.　　　1397 werde geben ze einem m. *H*, Gegeben werd zu m. *B*.　　　1402 Vnd ist auch wol *B*; mir *HB*.　　1404 armüte *B*, armuot *H*.　　1406 gewern *H*.　　1408 an ainē m. *B*.　　1409 in fehlt *H*.　　1413 Waz *B*, was *H*.　　141J wan] nuon *H*, fehlt *B*.　　1418 one starp *H*.　　1420 Ieh traw *B*.　　1425 versweige *B*.　　1426 stige *B*.　　1427 kien leiten *H*, chien leiten *B*.

ich gelige bî sîner sîten;
nû wizze daz ich wâge
vater muoter unde mâge."   1430
    Der vater niht der rede vernam
noch diu muoter alsam.
der bruoder wart ze râte
mit der swester vil drâte
daz si im volgte von dan.   1435
„ich gibe dich dem selben man,
swie leit ez dînem vater sî.
du geligest Lemberslinde bî
wol nâch dînen êren.
dîn rîchtuom sol sich mêren.   1440
wilt dû ez, swester, enden,
ich wil dir herwider senden
mînen boten dem dû volgen solt.
sît dû im bist und er dir holt,
in bêden sol gelingen   1445
vil wol an allen dingen.
ouch füege ich dîne hôchzît
daz man durch dînen willen gît
wambîs unde röcke vil:
für wâr ich dir daz sagen wil.   1450
swester, nû bereite dich;
Lemberslint sam tuot er sich.
got hüete dîn, ich wil dâ hin:
mir ist der wirt als ich im bin:
muoter, got gesegene dich."   1455
hin fuor er sînen alten strich
und sagte Lemberslinde
den willen Gotelinde.
vor freuden kuste er im die hant,
umbe und umbe an sîn gewant,   1460

---

er neic gegen dem winde
der dâ wâte von Gotlinde.
Nû hœrt von grôzer freise.
manec witewe unde weise
an guote wart geletzet   1465
und riuwic gesetzet,
dô der helt Lemberslint
und sîn gemahel Gotelint
den briutestuol besâzen.
swaz si trunkn und âzen,   1470
daz wart gesamnet wîten.
bî den selben zîten
vil unmüezic si beliben;
die knaben fuorten unde triben
ûf wägen unde ûf rossen zuo   1475
beide spâte unde fruo
in Lemberslindes vater hûs.
dô der künic Artûs
sîn frouwen Ginovêren nam,
diu selbe hôchzît was lam   1480
bî der Lemberslindes:
si lebten niht des windes.
dô ez allez wart gereht,
sînen boten sante Helmbreht,
der vil balde gâhte   1485
und im die swester brâhte.
Dô Lemberslint het vernomen
daz Gotelint was komen,
balde er gegen ir gienc:
hœret wie er si enphienc.   1490
„willekomen, frou Gotelint.“

1461 er naigte *H'*.   1462 waeete *H'*, wäte *B*.   1466 rewig gar g. *B*.
1467 da *H'B*.   1469 preutstul *H'*, brautstûl *B*.   1470 was sy truncken *H'*,
Was sy da druncken *B*.   1471 gesammet *H'B*.   1472 bey *H'*, Zu *B*.
1474 chnappen *B*.   1475 Auf wägen vnd *B*, vnd füerten *H'*.   1477 vater-
hauss *H'* (: Artaus, *so Bergmann*).   1478 da *H'*.   1479 Ginoferen *H'*.
1484 sant *B*, sendet *H'*.   1485 der *H'*, Das er *B*; gächte *B*.   1486 sein
sw brächte *B*.   1487 das het *B*.   1489 Wander bald er gein ir g. *B*.
1490 Nü höret *B*.

„got lône iu, her Lemberslint.‟
friuntliche blicke
undr in beiden dicke
gegen einander giengen entwer;   1495
er sach dar, si sach her.
Lemberslint schôz sînen bolz
mit gefüegen worten stolz
gegen Gotelinde:
daz galt si Lemberslinde   1500
ûz wîplîchem munde
sô si beste kunde.
Wir suln Gotelinde
geben Lemberslinde
und suln Lemberslinde   1505
geben Gotelinde.
ûf stuont ein alter grîse,   -
der was der worte wîse,
der kunde sô getâniu dinc.
er staltes beide in einen rinc;   1510
er sprach ze Lemberslinde
„welt ir Gotelinde
êlîchen nemen, sô sprechet jâ.‟
„gerne‟ sprach der knabe sâ.
er frâgte in aber ander stunt: 1515
„gerne‟ sprach des knaben munt.
ze dem dritten mâle er dô sprach
„nemt ir si gerne?‟ der knabe jach
„sô mir sêle unde lip,
ich nim gerne ditze wip.‟   1520
dô sprach er zuo Gotlinde

1492 sprach got *H*, Sy sprach got *B*; her *fehlt H*. 1493 Vil fr. *B*.
1499 g. Gotlinden *H*, Gein jůckfraw götlinden *B*. 1500. 1504. 1511. 1522
Lemperslinden *HB*. 1503 wir sollen Gotlinden *H*, Nů sull wir götlinden *B*.
1505. 1506 *fehlen H*. 1505 Vnd süllen lemperslinden *B*. 1506 göt-
linden *B*. 1507 ain alt greyser (: weyser) *B*. 1509 Er *B*; dinge *H*.
1510 er stellet sy baide in ainen ringe *H*, Er stalt sy baid an ainen rinch *B*.
1512 Gotlinden *H*, frawn götlinden *B*. 1514. 1518 chnappe *H*. 1515 an
der st. *HB*. 1516 sprach aber d. chnappen *H*. 1521 da *H*; zu Got-
linden *H*, zu götlinden *B*.

„welt ir Lemberslinde
gerne nemen zeinem man?“
„jâ, herre, ob mir sîn got gan.“
„nemt ir in gerne?“ sprach ab er: 1525
„gerne, herre; gebt mirn her.“
ze dem dritten mâle „welt irn?“
„gerne, herre, nû gebt mirn.“
dô gap er Gotelinde
ze wîbe Lemberslinde   1530
und gap Lemberslinde
ze manne Gotelinde.
si sungen alle an der stat:
ûf den fuoz er ir trat.
Nû ist bereit daz ezzen.   1535
wir suln niht vergezzen,
wir enschaffen ambetliute
dem briutegomen und der briute.
Slintezgeu was marschalc;
der fulte den rossen wol ir bale.   1540
sô was schenke Slickenwider.
Hellesac der sazte nider
die fremden und die kunden;
ze truhsæzen wart er funden,
der nie wart gewære.   1545
Rütelschrîn was kamerære.
küchenmeister was Küefrâz;
der gap swaz man von kuchen az,
swie manz briet oder sôt.
Müschenkelch der gap daz brôt.   1550
diu hôchzît was niht arm.

1522 Vnd welt *B*; Lemperslinden *H'B*.   1523 zu ainem *H'B*.   1525
gern sprach aber er *H B*.   1526 mir in her *H'B*.   1527 mal sprach er
welt irin *B*.   1528 vil gerne herr *B*.   1529 da *H'*; Gotliuden *H'B*.
1530 ze w. Lemperslinden *H'*, Dem chnappen lemberslinden *B*.   1531. 1532
fehlen B.   1531 Lemperslinden, Gotlinden *H'*.   1537 en *fehlt H'B*.
1538 preuttigam *H'*, brcútgaum *B*.   1539 Sleintzgew *B*.   1541 Do w. sch.
sleichen wider *B*.   1541 trugksass *H'*, druchsäss *B*.   1547 Kue-
frass *H'*, chüfräss *B*.   1548 was *H B*.   1549 wie *H'B*.   1550 der
fehlt B.

Wolvesguome und Wolvesdarm
unde Wolvesdrüzzel
lärten manege schüzzel
und manegen becher witen 1555
ze den selben hôchziten.
vor den knaben swant diu spîse
in aller der wîse
als ein wint vil drâte
si ab dem tische wâte. 1560
ich wæne ieglicher æze
swaz im sîn truhsæze
von kuchen dar trüege.
ob der hunt iht nüege
nâch in ab dem beine? 1565
daz tet er vil kleine;
wan ez saget ein man wîse
,,ieglîch mensche sîner spîse
unmâzen sêre gâhet
sô im sîn ende nâhet.'' 1570
dâ von gâhtens umbe daz,
ez was ir -jungestez maz
daz si immer mêre gâzen
od frœliche gesâzen.

Dô sprach diu brût Gotelint 1575
,,ouwê, lieber Lemberslint,
mir grûset in der hiute!
ich fürhte fremde liute
uns ze schaden nâhen sîn.
ey vater unde muoter mîn, 1580
daz ich von iu beiden
sô verre bin gescheiden!

1553 Vnd der chnappe wolfsdrussel *B.* 1554 lärten *H¯*, Secht die
lärten *B.* 1557 chnappen verswand *B.* 1562 was *H¯B.* 1563 getrüge *B.*
1565 im *H¯.* 1566 vil *H¯*, harte *B.* 1568 yeglicher mensch *H¯*, Ain
yegleich mensch *B.* 1570 ende *H¯*, tod *B.* 1571 gachten sy *H¯B.*
1572 Wan es was ir jungstes äss *B.* 1573 ymmer me *B.* 1574 Oder
frœleich *B*, oder froelichen *H¯*. 1575 Da *H¯*. 1576 awe *H¯*. 1578 Ich
fürcht (furcht *B*) das *H¯B.* 1580 Eya *B.*

ich fürhte daz mir wecke
die Lemberslindes secke
vil schaden unde unêre;   1585
des fürhte ich vil sêre.
wie wol ich dâ heime wære!
mir ist der muot sô swære;
mînes vater armuot
næme ich michels baz für guot   1590
danne ich bin mit sorgen hie:
wan ich hôrte sagen ie
die liute algemeine
daz dem würde kleine
der ze vil welle.   1595
diu girscheit ze helle
in daz abgründe
vellet von der sünde.
ich verdenke mich ze spâte.
ouwê daz ich nû sô drâte   1600
gevolget her mîm bruoder hân!
des muoz ich riuwic bestân.‘‘
dar nâch vil schiere sach diu brût,
daz si dâ heime ir vater krût
het gâz ob sînem tische   1605
für Lemberslindes vische.
Dô si nâch dem ezzen
wâren eine wîle gesezzen
und die spilliute
enphiengen von der briute   1610
ir gâbe und von dem briutegomen,
dar nâch zehant sach man komen
den rihter selpfünfte.

1586 vil *H*, harte *B*.   1587 daheime *H*, da du haymē *B*.   1589
vaters *H*.   1591 Danne das ich *H*.   1594 vil claine *H B*.   1596 girs-
heit *H*, geilicheit *B*.   1599 nū zu sp. *B*.   1600 awe daz ich mich so
dr. *H*, O we das ich da so dr. *B*.   1601 meinem *H*, meinē *B*.   1604
irs *B*.   1608 ain weil *B*, in weyle *H*.   1611 preuttigamen *H*, prent-
gaumen *B*.   1612 Sa zuhand do sach *B*; kamen *H*.   1613 selb funflte *H*,
selb fünften *B*.

mit der sigenünfte
gesigete er den zehen an.   1615
der in den oven niht entran,
der slouf under die banc.
ieglich für den andern dranc.
der ie viere niht enflôch,
des schergen kneht aleine in zôch   1620
her für bî dem hâre.
daz sage ich iu für wâre,
ein rehter diep, swie küene er sî,
slüege er eines tages drî,
daz er sich vor dem schergen   1625
nimmer mac erwergen.
sus wurden si gebunden,
die zehen, an den stunden
mit vil starken banden
von des schergen handen.   1630
Gotelint vlôs ir briutegewant.
bî einem zûne man si vant
in vil swacher küste.
si het ir beide brüste
mit handen verdecket.   1635
si was unsanfte erschrecket.
ob ir anders iht geschæhe,
der sage ez der daz sæhe.
got ist ein wunderære;
daz hœret an dem mære.   1640
slüege ein diep aleine ein her,
gein dem schergen hât er keine wer:
als er den von verren siht,
zehant erlischet im daz lieht:

1614 m. der signunfte *H*, M. der sigenüften *B*.   1617 aber vnder *B*.
1618 yeglicher *H*, yegleicher *B*.   1620 chnecht den allein zoch *B*.   1623
wie *HB*.   1624 Vnd slüg er *B*.   1625 schergen *B*, scheren *H*.   1626
erweren *HB*.   1627 sunst *H B*.   1631 G. verlos ir preutlich gewant *H*,
Götlind verlos auch ir preut gewand *B*.   1633 koste *H*, kost *B*.   1634
baider *H*.   1635 Mit ir handen gedecket *B*.   1638 Das sage der das
s. *B*.   1642 Gein dē *B*, gegen dem *H*; dhain weer *H*, nicht wer *B*.

sîn rôtiu varwe wirt im gel. 1645
swie küene er ê wær und swie snel,
in væht ein lamer scherge.
sîn snelheit und sîn kerge
die sint im alle gelegen,
sô got wil selbe der râche phlegen. 1650
Nû hœret den sprüchen,
wie die diebe krüchen
für gerihte mit ir bürden,
dâ si erhangen würden.
Gotelint wart ungefreut, 1655
dô Lemberslint zwô rindes heut
wurden an den stunden
ûf sînen hals gebunden.
sîn bürde was diu ringest,
dâ von truoc er daz minnest 1660
durch des briutegomen êre.
die andern truogen mêr und mêre.
ez truoc sîn geswîe
rûher hiute drîe
vor dem schergen; daz was reht: 1665
daz was Slintezgeu Helmbreht.
ieglîch truoc sîn bürde mit im hin;
daz was des rihters gewin.
Dô wart vürsprechen niht gegeben.
der in lengen wil ir leben, 1670
dem kürze got daz sîne;
daz sint die wünsche mîne.
ich weiz den rihter sô gemuot,
ein wilder wolf, gæb im der guot,

1646 wie _beide mal_ HʼB. 1647 vacht H. 1648 schnellikait H.
1650 der rache (rach B) wil selber HʼB. 1651 nu hoeret das mære mit
sprüchen Hʼ, Nū hört das ward mit spruchen B. 1652 chrúchen B,
kruchen Hʼ. 1653 purden Hʼ, burden B. 1654 Do B; wurden HʼB.
1655 vngefröwt B. 1656 rinder heůt B, da Lempperslinden zwo rinders
heut Hʼ. 1661 preuttigams Hʼ, brautgaums B. 1662 truog ye mer vnd
mere Hʼ, trügē ye mere B. 1667 yeglicher Hʼ, Yegleichs B; purde Hʼ,
dieb (d. i. diube _Haupt_) B. 1669 da ward vorsprechen HʼB; gebū B.
1674 gab Hʼ.

und erbizze er allen liuten vihe,   1675
von der wârheit ich des gihe,
er lieze in umbe guot genesen,
swie des doch niht solte wesen.
der scherge dô die niune hie,
den einen er dô leben lie   1680
(daz was sîn zehende und sîn reht);
der hiez Slintezgeu Helmbreht.
Swaz geschehen sol, daz geschiht:
got dem vil selten übersiht
der tuot des er niht tuon sol.   1685
daz schein an Helmbrehte wol,
an dem man den vater rach;
der scherge im ûz diu ougen stach.
dannoch was der râche niht genuoc;
man rach die muoter, daz man sluoc   1690
im ab die hant und einen fuoz
dar umbe daz er swachen gruoz
vater unde muoter bôt,
des leit er schande unde nôt,
do er sprach zuo dem vater sîn   1695
„waz sakent ir gebûrikin?“
und sîn muoter hiez gunêrtez wîp,
von den sünden leit sîn lîp
dise maneger slahte nôt,
daz im tûsent stunt der tôt   1700
lieber möhte sîn gewesen
dan sîn schämlich genesen.
Helmbreht, der diep blinde,
schiet von Gotelinde
ûf einer wegescheide   1705

1675 und erb. er] bis (Piss *B*) er im vnd *WB*.   1676 das *B*.   1677.
1678 *fehlen W*.   1678 wie *B*.   1680 Den zehnden *B*.   1681 Der
was *B*; zehendt *W*, zehût *B*.   1683 was *WB*.   1686 helmprecht̄ *B*.
1688 die augen auss *B*.   1689 der rach nicht was *B*.   1690. 1691 im
nach man *WB*.   1692 er *fehlt W*.   1695 da *W*.   1696 sagent *W*,
sagt *B*.   1697 Vnd hies sein müter ungertes w. *B*.   1698 *fehlt B*.
1699 dise maniger slahten n. *B* (dise *Pf.*).

mit riuwe und mit leide.
den diep blinden Helmbreht
brâht ein stap unde ein kneht
heim in sînes vater hûs.
er behielt in niht, er treip in ûz,   1710
sîne swære er im niht buozte,
hœret wie er in gruozte.
„deû sal, her blinde!
dô ich was ingesinde
ze hove wîlen (des ist lanc),   1715
dô lernte ich disen antvanc.
gêt ir nû, her blindekîn!
ich weiz wol, an iu mac gesîn
swes ein blinder knabe gert.
ir sît ouch dâ ze Walhen wert.   1720
den gruoz sult ir von mir haben,
alsô grüeze ich blinde knaben.
waz touc langez teidinc?
got weiz, her blinder jungelinc,
die herberge ir mir rûmet.   1725
ist daz ir iuch sûmet,
ich lâze iuch mînen frîman
slahen daz nie blinde gewan
von slegen alsölhe nôt.
ez wære ein verworhtez brôt   1730
daz ich hînt mit iu verlür.
ir hebt iuch ûf für die tür!“
„Neinâ, herre, lât mich betagen!“
sprach der blinde. „ich wil iu sagen
wie ich bin genennet;   1735
durch got mich erkennet.“
er sprach „nû saget drâte.

1707 Dem blinden dieb h. *B.*   1710 Der hielt *B.*   1713 Deus sal *B*,
Deuol *H*.   1714 Wes seit ir ingesinde *B.*   1715 –1720 *fehlen B.*
1716 da *H*; anfang *H*.   1718 ich wayss wol daz an ew wol mag gesin *H*.
1719 was *H*.   1720 junckherre ir seit *H*.   1721 sült *B*, solt *H*.
1723 taugt *B.*   1725 *ohne* mir *B.*   1727 lass *H*, hais *B.*   1729
solhe *H*.   1732 ew hin ausz fur *B*, euch sol balde für *H*.   1733 naine *H*.

zoget iuwer, ez ist spâte.
ir sult iu suochen andern wirt:
mîn hant mit gâbe iuch gar verbirt.‘‘ 1740
beidiu mit leide und mit schamen
seit er dem vater sînen namen,
,,herre, ich binz iuwer kint.‘‘
,,und ist der knabe worden blint,
der sich dâ nante Slintezgeu? 1745
nú vorht ir niht des schergen dreu
noch alle rihtære,
ob ir noch mêr wære.
hei waz ir îsens âzet,
do ir ûf dem hengste sâzet 1750
dar umbe ich gap mîniu rinder!
und kriechet ir nû blinder,
daz enwirt mir nimmer zorn.
mich riuwet mîn lode und mîn korn,
sît mir sô tiuwer ist daz brôt. 1755
und læget ir vor hunger tôt,
ich gibe iu nimmer umbe ein grûz.
ir sult iuch balde heben ûz
und tuot nimmer mêre
ze mir die widerkêre.‘‘ 1760
Dô sprach aber der blinde
,,sît ir mîn ze kinde
geruochet nimmêre,
durch die gotes êre
sult ir dem tiuvel an gesigen: 1765
lât mich als einen dürftigen
in iuwerm hûse kriechen;

1738 zoget ewr *W*, Zogt aus *B*. 1739 suechen ainen andern *W*,
súchen ain andern *B* (*ohne* einen *Hofm.*). 1740 mit *W*, mein *B*; euch
gar *W*, ew *B*. 1741 baide *W*, Baid *B*. 1743 er sprach herre ich bin *W*,
Er sprach ich bins *B*. 1744 chuappe *B*. 1746 nu vorcht er *W*; der sch.
drow *B*. 1748 mere *B*. 1749 Ey *B*. 1750 So ir auf ew’m *B*.
1751 meine *W*, mein *B*. 1752 Vnd *B*, *fehlt W*. 1753 en *fehlt W*.
1754 loden *W*, mein lod vnd korn *B*. 1757 vmb einen graus *W*. 1758
solt *W*. 1759 Vnd gelút *B*. 1761 da *W*. 1763 nymmer mere *B*.
1765 súlt *B*, solt *W*.

swaz ir einem armen siechen
welt geben in der minne,
durch got daz gebt mir hinne.　　　　　　　1770
mir sint die lantliute gram:
leider nû sît ir mir sam.
ich enmac niht genesen,
welt ir mir ungenædic wesen.“
　　Der wirt hônlachte,　　　　　　　　　1775
swie im sîn herze krachte
(er was sîn verch und sîn kint,
swie er doch stîlende vor im blint).
„nû fuort ir dwerhes die welt;
iwer meidem gie nie enzelt,　　　　　　　1780
er dravete unde schûfte.
manec herze von in sûfte.
ir wâret so ungehûr.
manec wîp und gebûr
sint von iu habe worden frî.　　　　　　1785
nû sprechet ob die troume drî
an iu sint bewæret.
noch hœher ez sich mæret,
daz iu wirt wirser danne wê.
ê der vierde troum ergê　　　　　　　　1790
hebt iuch balde für die tür.
knecht, sperre, stôz den rigel für;
ich wil hînaht hân gemach.
den ich mit ougen nie gesach,
den behielt ich unz an mînen tôt,　　　　1795
ê ich iu gæbe ein halbez brôt.“

1768 was *H'B.*　　1772 mir alsam *W.*　　1773 ich mag *H'*, Laider ich
mag *B.*　　1776 wie *H'B*; herez doch chr. *B.*　　1777 Es *B.*　　1778 wie
er doch stuonde *H'*, Wie es doch stünd *B.*　　1779 er sprach un füeret ir
dwerhes die welt *H'*, Er sprach nu furt ir twerhes das feld *B.*　　1780 mai-
dem *H'B*; nie *H'*, nicht *B.*　　1781 er draffte vnd schauffte *H'*, Er endrabte
noch enschûftzte *B.*　　1782 ersauffte *H'*, erseûftzte *B.*　　1783 vngehewr *H'*,
ungeheûr *B.*　　1784 gepaur *H'*, gebaur *B.*　　1785 euch alle w. *H'B* (habe
nicht in H'B, *von Haupt*).　　1786 nû *fehlt B*; trawme *H'*, träme *B.*
1787 seint *B.*　　1790 E. das der *B.*　　1792 sperr sloss rigel *B.*　　1793
heint *B.*　　1795 hielt *B*; ee vntz an *H'*, e. uncz an *B.*

allez daz er het getân,
daz itewîst er dem blinden man.
er was gar sîn schiuhe.
„sich, blinden kneht, nû ziuhe   1800
in von mir der sunnen haz.“
er sluoc den kneht: „nû habe dir daz.
dînem meister tæt ich sam,
wan daz ich mich des scham,
ob ich blinden slüege.   1805
ich bin wol sô gefüege
daz ichz kan vermîden.
doch mac ez sich verrîden.
des hebt iuch, ungetriuwer Rûz,
balde für die tür hin ûz;   1810
ich ahte niht ûf iuwer nôt.“
im gap diu muoter doch ein brôt
in die hant als einem kinde.
hin gie der diep blinde.
swâ er über velt gie,   1815
dehein gebûre daz verlie,
er schrire in an und sînen kneht
„hâhâ, diep Helmbreht,
hetest dû gebouwen alsam ich,
sô züge man nû niht blinden dich.“   1820
alsô leit er ein jâr nôt
unz er von hâhen leit den tôt.
   Ich sage iu wie daz geschach.
ein gebûre in ersach
dâ er gie zuo einer frist   1825
durch einen walt um sîne genist.
der gebûre kloup dâ wit,
ander gebûren ouch dâ mit.

1797 er ye het *B.*   1798 itweisst *B*, etweyset *W*.   1799 scheuhe *W*,
scheuche *B.*   1800 zeuhe *WB.*   1803 tät *B*, tet *W*.   1804 daz *fehlt W.*
1807 ich es *B.*   1808 Yedoch möcht es *B.*   1809 des *nicht in W*; reus *B.*
heraus *W.*   1810 hin aus *B*, aus *W.*   1814 dieb *B*, deube *W.*   1815
Wa *B*, wo *W.*   1817 schrier *B*, schray *W.*   1818 ha ha *W.*   1822 heu-
gen *B.*   1826 sein *WB.*   1828 Ander gebauren auch damit *B*, nach der
gepauren sit *W.*

daz was eines morgens fruo.
dem hete Helmbreht eine kuo　　　　　　　1830
genomen von siben binden.
do er sach in also blinden,
er sprach ze sinen holden
ob si im helfen wolden.
„entriuwen“ sprach der eine,　　　　　　　1835
„ich zerre in also kleine
sam daz iu der sunne vert,
ist daz mir in nieman wert.
mir und minem wibe
zöch er ab dem libe　　　　　　　　　　　1810
unser beider gewant.
er ist min vil rehtez phaut.“
dô sprach der dritte dâ bî
„ob sîn eines wæren drî,
die wolte ich tœten eine.　　　　　　　　1845
er vil unreine,
er brach mir ûf minen glèt
und nam daz ich dâ inne hèt.“
der vierde der den wit klonp,
der bidemt vor girde sam ein loup;　　　　1850
er sprach „ich briche in als ein huon.
von allem rehte ich daz tuon.
er stiez min kint in einen sac
dô ez slâfende lac.
er want ez in ein bet.　　　　　　　　　1855
ez was naht dô er daz tet.
dô ez erwachete unde schrè,
dô schutte erz ûz an den snè.
sin ende het ez dâ genomen,
wær ich im niht ze helfe komen.“　　　　1860

1831 von seinen kinden *H*.　　　1832 da er sach *H*, Der ersach *B*.
1835 Entrewn *B*, entraun *H*.　　　1837 sunnen *B*.　　　1838 niemant *H*,
yeman *B*.　　1842 nü mein *B*.　　1844 waren *H*.　　1848 Vnd nam mir
was ich darin het *B*.　　　1850 sam *B*, als *H*.　　1854 da *H*.　　1858 Do
schut *B*, da schüttet *H*.　　　1859 Seinen ende *B*.

„entriuwen" sprach der fünfte,
„ich freu mich sîner künfte
sô daz ich mînes herzen spil
hiute an im geschouwen wil.
er nôtzogete mir mîn kint.⁣   1865
wære er noch drî stunt alsô blint,
ich sol in hâhen an den ast.
selbe ich im kûme enbrast
beide nacket unde blôz.
wære er als ein hûs sô grôz,⁣   1870
ich wirde an im errochen,
sît er sich hât verkrochen
in disen walt sô tiefen."
„dar nâher!" si dô riefen
und kêrten alle rehte⁣   1875
gegen Helmbrehte.
dô si sich wol errâchen
an im mit slegen, si sprâchen:
„nû hüete der bûben, Helmbreht!"
daz ir dar vor des schergen kneht⁣   1880
het lâzen ungerüeret,
daz wart nû gar zefüeret.
daz was ein griuwelîch dinc.
sô breit als ein phenninc
beleip ir niht beinander.⁣   1885
sîteche und galander,
sparwære und türteltûben,
die genâten ûf der hûben,
wurden gestreut ûf den wec.
hie lac ein loc, dort ein flec⁣   1890
der hûben und des hâres.
gesagte ich nie iht wâres,

1861 entrawn *W*; der *W*, do der *B*.   1864 Alhie mit im haben w. *B*.
1865 notzogte *B*, notzoget *W*.   1866 als *W*; Vnd wär er noch dreystund
plind *B*.   1868 S. konm ich im enprast *B*.   1869 nackent *W*.   1872
Seint *B*.   1874 dar *nicht in W*.   1877 rachen *B* (*ohne* an im *Pf.*).
1880 Was ir da vor *B*.   1883 greulich *W*, greuleiches *B*.   1885 bey ein-
ander *W*, pey ain ander *B*.   1889 Die wurden *WB*.   1892 ye iht *W*, ye *B*.

doch sult ir mir gelouben
daz mære von der houben,
wie kleine man si zarte.   1895
ir gesâhet nie swarte
ûf houbete alsô kalwe.
sin reidez hâr daz valwe
sach man in swachem werde
ligen ûf der erde.   1900
daz wac si doch vil lihte.
si liezen sine bihte
den müedine dô sprechen.
einer begunde brechen
ein brosemen von der erden.   1905
dem vil gar unwerden
gap er si zeiner stiuwer
für daz hellefiuwer,
und hiengen in an einen boum.
ich wæne, des vater troum,   1910
daz er sich hie bewære.
hie endet sich daz mære.
    Swâ noch selpherrischiu kint
bî vater und bî muoter sint,
die sin gewarnet hie mite.   1915
begênt si Helmbrehtes site,
ich erteile in daz mit rehte,
in geschehe als Helmbrehte.
ûf den strâzn und ûf den wegen
was diu wagenvart gelegen: 1920
die varent alle nû mit fride,
sit Helmbreht ist an der wide.

1895 zerzarte *B.*   1897 kale *H'.*   1898 falbe *H'.*   1899 swacher *H'.*
1900 Da ligen *B.*   1901 das was yedoch *H'*, Das was doch *B.*   1902 sy
liessen in seine peichte *H'*, Sy liessen in nicht sein p. *B.*   1903 da *H'B.*
1905 ein prosem *H'*, Ain brosem *B.*   1907 sizu einer stewr *H'*, die zu ainer
steur *B.*   1908 hellefeur *H'*, helle feûr *B.*   1909 an ainë paume (: traume) *B.*
1911 Sich allhie b. *B.*   1913 Wo noch selbherrisch k. *H'*, Wanoch selb
rechte k. *B.*   1914 *das zweite* bey *fehlt H'.*   1915 seint *B*; da mit *B.*
1921 die warent *H'*, Die füren *B.*   1922 Seint helmprecht hieng an der
galgen wide amen Explicit Finis adest vere et vere Scriptor debet pretiü hrë *B.*

nû seht ûf und umbe:
râte iu wol ein tumbe,
dem volgt und ouch des wîsen rât.   1925
waz ob Helmbreht noch hât
etewâ junge knehtel?
die werdent ouch Helmbrehtel.
vor den gib ich iu niht fride,
si komen danne ouch an die wide.   1930
swer iu ditze mære lese,
bittet daz got genædic wese
im und dem tihtære,
Wernher dem gartenære.

1928 werden *W*.   1930 sy kommen auch dann *W*.   1931 wer *W*.
1932 das im got *W*, *Pfeiffer nahm* im *in den folgenden Vers.*   1934 der
haysset Wernher der Gartenære *W*.

BEMERKUNGEN
ZU EINZELNEN STELLEN.

V. 1. Die Handschrift H' schickt dem ersten Verse voraus: Das puech ist von dem Mayr Helmprechte; *die Hs. B:* Hie hebt sich ain mär von dem Helmprecht der was ain narr und auch ain gauglär amen. *Nach H' wird das Gedicht gewöhnlich* Meier Helmbrecht *genannt, wohl mit Unrecht, denn der Held der Erzählung ist nicht der Meier, sondern sein Sohn.*

29. *Wohl mag mancher Leser sich wundern über die Menge dessen, was auf der Haube dargestellt war, und die Vermuthung liegt nahe, dass der Dichter die Gelegenheit benutzte, um seine Kenntniss der Sagen darzulegen. Doch ist das Ganze nicht so ungeheuerlich, als es auf den ersten Blick scheint. Der aufsteigende Theil der Haube,* daz lün, *bestand nämlich aus vier Schildern, je mit dem angegebenen Inhalt; der freie Raum dazwischen war durch verschiedene Vögel verziert. Dass die übermüthigen Bauern gerade auf solche Hauben viel hielten, sieht man aus der Schilderung einer solchen bei Neidhart (86,7 ff.), die ich deswegen ganz hierher setze. Es heisst da von Hildemar:*

Der treit eine hüben, diu ist innerthalp gesnüeret
und sint üzen vogelin mit siden üf genät.
dä hät manic hendel sine vinger zuo gerüeret,
ê si si gezierten; daz mich niemen liegen lät.
er muoz dulden minen vluoch
der ir ie gedähte,
der die siden und daz tuoch
her von Walhen brähte.
Habt ir niht geschouwet sine gewunden locke lange,
die dä hangent verre vür daz kinne hin ze tal?
in der hüben ligent si des nahtes mit getwange
unt sint in der mäze sam die krämesiden val.
von den snüeren ist ez reit
innerthalp der hüben,
volleeliche hände breit,
so ez beginnet strüben.

Er wil ebenhiuzen sich ze werdem ingesinde
daz bi hoveliuten ist gewahsen unde gezogen.
begrifents in, si zerrent im die hûben alsô swinde,
ê er wænet sô sint im diu vogelin enpflogen.
solhen kouf an solhem gelt
niemen sol versprechen.
jâ hât vil daz Marchvelt
solher zûgelbrechen.

Aber auch der junge Hugdietrich verlangt (Wolfdietrich B 1, 23), dass
man ihm gewinne „die besten meisterin,
    diu mich lêre würken   mit siden an der ram
    und darûf entwerfen   beide wilt und zam,
    und mich lêr an der hûben   die wunder âne zal,
    dar umbe gên die borten   beide breit und smal.“ *etc.*
Die Bauern ahmten eben auch in diesem Stücke eine Hofsitte nach.

Die oben aus Neidhart gegebene Haubenschilderung ist schon benutzt
worden, um von „Nachahmung“, „Entlehnung“ zu sprechen. Ohne die Mög-
lichkeit in Abrede zu stellen, halte ich diess nicht für nothwendig. Es hat
damals unzählige übermüthige Bauernburschen gegeben, und viele von ihnen
werden mit solchen Hauben paradirt haben. Ihre Beschreiber haben aber
nur Hildemar und Helmbrecht gefunden. Auch die dazu gegebenen Erörte-
rungen werden in vieler Munde gewesen sein.

    32. *Zu* ‘schopf’ *und* ‘spân’ *vgl. Helbling 1, 272 ff.*
    gestricket hûben mit snüeren
    sih ich sumliche tragen.
    der gestalt muoz ich sagen;
    sie habent schopfes vil dâ vor,
    hinden kepfet in enbor
    ein spænel küme vingers breit.
zu spân *vgl. Neidhart 39,30 f.:*
    Hie envor dô stuont sô schône mir min hâr,
    umbe und umbe gie der spân (*auch* 102,10).

    35. 86. 95. daz lün. *Von den beiden Hss. zeigt B an allen Stellen*
(daz) leym, *W an der 2. und 3. Stelle* leym, *an der ersten der* lün. *Die*
letztere Form scheint die richtigere zu sein. Jetzt heisst in dieser Gegend
das Lün der schräg in die Höhe stehende oder überhaupt der obere Theil
der Haube. Das mhd. Wörterbuch gibt obige Stellen unter „lim *stm. Saum,*
lat. limbus.“

    Zu vergleichen wäre das bei Schmeller belegte „der Leyn-Huet“ *oder*
Lynhut = Kamin. *Frisch (I. S. 399) führt unter den verschiedenen Formen*
des Wortes „Lehne“ eine „der lyn“ auf, mit der Bedeutung: die Wagen-
lünge, welche auf das in Glossen mehrfach erscheinende ahd. lun = paxillus
zurückgeht. Jetzt sagt man in dieser Gegend gewöhnlicher „die Luin“,
wodurch das Wort mit dem hochdeutschen „Lehne“ zusammentrifft, da ahd.
und mhd. ei vor m und n hier ui lautet, wie bei Schmeller, Gramm. 151

an der untern Donau. Als Beispiel möge hier ein Schnaderhüpfl stehen, in welchem die „luin“ wohl den grossen Steck-Kamm der Mädchen bezeichnet:

was iatzə ə küədrekigs stajdirndl tragt,
des hat ja vor zeidn koən grefin nid ghabt;
ə luin hams omən z hechst aufn kopf,
das də toifel drauf sitzt und nimt d mode bon schopf.

37. Spehthart. *Nach dem ganzen Inhalt des Gedichtes ist es unmöglich, hierbei an den weit entlegenen Spessart zu denken. Man wird daher annehmen müssen, dass ein Theil des Weilhart damals diesen Namen hatte. Jetzt findet sich ein solcher allerdings nicht mehr.*

Guppenberger, der (Programm des Gymnasiums zu Kremsmünster 1871) für die Namen der Berliner Hs., ohne irgend beweisende Gründe, eintritt, begnügt sich damit, dass ein Wald zwischen Wels und Kremsmünster jetzt noch „der Hart“ heisst.

169. blâ. *Beim Helbling II, 72 ist nach alter österreichischer Verordnung blaues Tuch den Bauern für die Feiertage erlaubt. Ich setze die ganze Stelle her, weil sie auch zu den Reden des alten H. gut stimmt; der Dichter sagt, dass in Oesterreich 'die liut unordenlich lebent':*

60 gebûr ritter dienstman
    tragent alle glichez kleit.
    swaz ein ritter gerne treit,
    nâch swelhem lant und swelhem sit,
    daz treit der gebûr mit.
    sit er zem pfluoc ist erkorn,
    sô gieng er billich âne sporn
    und underm huot âu haerin tuoch,
    für Venedier hantschuoch
    trüeg er hendlinge baz.
    dô man dem lant sin reht maz,
    man urloubt im hûsloden grâ
    und des virtages blâ,
    von einem guoten stampfhart.
    dehein varwe mêr erloubt wart
    im noch sinem wibe.
    diu treit nû an ir libe
    grüen brûn rôt von Jent.

204. *Ueber die Ausdrücke* bi dem tauze gên *(204),* einen tanz treten *(940),* an dem reien springen *(215) vgl. Liliencrons Aufsatz „Ueber Neidharts höfische Dorfpoesie“ in Haupts Zeitschrift VI, S. 79 ff., und die hübsche Dissertation von A. Duwe: Das bairisch-österreichische Volksleben in Neidharts Liedern, Rostock 1882 S. 6 ff.*

Der reie *ist ein Frühlings- oder Sommertanz, wobei man in langer Reihe hintereinander, hüpfend und springend, über Feld zog.*

Mit dem Ausdrucke „den Tanz treten" benennt man jetzt in dieser Gegend das Herumgehen der Paare vor Beginn des eigentlichen Tanzes und zwischen einzelnen Touren.

217. *In ähnlicher Weise erwähnt Wolfram den Heinrich von Veldeke* Parz. 404, 28—30: ôwê daz sô fruo erstarp von Veldeke der wise man! der kunde se baz gelobet hân. *Wie die Stelle zur Bestimmung der Zeit des Gedichtes benutzbar ist, wurde Eingangs gezeigt. — Es mag gestattet sein, hier zu erwähnen, dass ich nächstens den Freunden Neidharts einen Versuch vorlegen werde, seine Heimat auf Grund einer Stelle in einem bayerischen Winterliede zu bestimmen.*

223. *Unter* spargolzen *versteht man jetzt in dieser Gegend eine Art Gurt, die am obern Ende des Beinkleides an der innern Seite so eingenäht ist, dass man Geld darin tragen kann. Nach Lambel wären es aber an dieser Stelle „Schuhe, deren Verschluss durch ein geschnittenes Hölzchen bewirkt wurde (Lexer II, 1070)."*

277. *Die Bindung des alten* ou *mit dem aus* û *erweiterten (im Reime) findet sich bei Wernher ziemlich oft: V. 413, 553, 615, 625, 703, 1135, 1593. Die neue Aussprache war also dem Dichter geläufig. Sie hat sich schon zu Anfang des XIII. Jahrhunderts, vielleicht noch etwas früher im Gebiete des bayerischen Stammes, und wie es scheint von Osten her, also zunächst in dieser Gegend entwickelt. So z. B. bei Heinrich von dem Türlin und in dem Bruchstück von Marienlegenden, das ich in Germ. XXV, 82 ff. veröffentlicht habe, und das wohl ein oberöstreichisches Kloster zur Heimat hat. Vgl. Weinhold, Bair. Gramm. § 70, wo indess das den übrigen Beispielen weit vorauseilende Mawer keine Beweiskraft haben dürfte; denn es findet sich in einer Urkunde, welche nur in der Abschrift erhalten ist, in der sie der Passauer Bischof Otto von Lonsdorf (1254—1265) seiner Urkundensammlung einverleiben liess.*

380. bejage. *W hat, nach Bergmann:* bejage, *B :* betrag, *vdllagen aber hat hiefür* bejage. *Für letzteres tritt auch Sprenger, Germ. XXI, 349 ein. Helbling verwendet beide Wörter:* VIII, 375 des tohter nimt er umbe daz, er betreit sich dester baz; XIII, 57 doch sô muoz ich mich bejagen, sô ich aller beste kan.

390. sturz. *Dicke, grobe Tuche, Loden, werden nicht gerollt, sondern der Länge nach in Abtheilungen von* $1\frac{1}{2}$ *bis 2 Fuss Breite zusammen und über einander gefaltet oder gelegt. Eine jede solche Lage heisst dann nach einer noch jetzt in dieser Gegend gebräuchlichen Bezeichnung ein* sturz, *was an dieser Stelle als Massangabe benutzt ist.*

399. *In Anknüpfung an diese Stelle sagt A. Inowraclawer in seiner verdienstlichen Schrift: „Meier Helmbrecht von Wernher d. G., eine Quelle für deutsche Alterthumskunde", Breslauer Gymnasialprogramm 1882 S. 9, dass wir den Preis wegen der Unkenntniss des Werthes von einem Pfund nach unserm Gelde nicht ermitteln können. Diess gibt Veranlassung, darüber einiges zu sagen.*

*Der massgebende Münzfuss in bayerischen Landen war damals noch
der alte Regensburger. Nach ihm berechnet sich das Pfund Pfenninge zu
240 Stück auf etwa 35 Mark jetzige Reichswährung, mithin der Pfenning
auf 14—15 Pfenning R.-W. Herzog Otto II. liess aber im Jahre 1253 neue
geringhaltigere Pfenninge prägen, deren man 15 für 6 alte gute Regens-
burger nahm. Der Werth der Münchener Pfenninge unter Herzog Ludwig
dem Strengen (1253—1294) wird genau dahin angegeben, dass 50 librae
Monac. date sunt pro 30 lib. Ratisp., also das Pfund = 240 Stück in R.-W.
zu 21 M. 36½ Pf. — Diese Angaben sind entnommen aus „Die bayerischen
Münzen des Hauses Wittelsbach 1180—1550“ von J. P. Beierlein, München
1868, S. 11—13, wobei ich nur statt des früheren bayerischen Guldenfusses
die Reichswährung einsetzte.*

410, *wiederholt* 1749. *Dieselbe Redensart* (hey waz er isens æze) *in
einer unächten Neidhartischen Strophe bei Haupt* 215,16 *und Anmerkung
hierzu. An Nachahmung zu denken, wie geschehen ist, wird bei einer
offenbar gewöhnlichen Redensart nicht nöthig sein.*

413. slouch. *Ein Unterkleid, für das alte Leute noch die Bezeichnung*
Schlau *oder* Vorschlau (vgl. *Bemerkung zu* 1241) *kennen, während bei den
jüngeren sich die auch in Niederbayern gebräuchliche Benennung „Vorleib“
eingebürgert hat. Herr Pfarrer S. schrieb mir nachträglich darüber: „Es
ist ein in dieser Gegend seit alter Zeit von Männern häufig über dem
Hemde getragenes Unterkleid, jetzt mit Baumwolle, früher mit Hanf oder
Flachs gefüttert. Es hat keine Aermel, bedeckt Brust, Bauch und Rücken
und der Mann steckt in selbem thatsächlich wie in einem Schlauche. Es
wird auf einer Seite mit Hafteln geschlossen. Man hält es für ein der Ge-
sundheit sehr zuträgliches Kleidungsstück und trägt es fast immer, beson-
ders aber im Winter und bei nasskaltem Wetter.“
Zur Zeit unseres Gedichtes mögen es die Bauern wohl auch überhaupt
statt des Hemdes getragen haben, so dass die Uebersetzung „bis aufs Hemd“
den Sinn genau wiedergibt.*

426. nû zuo des der neve si. *Denselben Ausdruck hat Lachmann
nach Haupts Bemerkung zu diesem Verse nachgewiesen in Otackers öster-
reichischer Reimchronik* 53 b, *wo die Königin nach Abbruch der Verhand-
lungen die Gefangenen dem Tode überliefernd sagt:* ez ist wol nâch miner
ger, daz in der tôt wone bi. nû dar des der neve si. *Er findet sich auch
in der Kaiserchronik, ed. Massmann* II. 664 V. 836, *ebenfalls aus Otacker:*
nu zuo des der neve si (*sprachen die Henikin, zu Adolf von Nassau*) sit ez
niht anders mac gesin und ir niht folgen welt. *Der Sinn ist also: mag das
Unheil seinen Gang haben. J. Grimm erklärt bei Schmeller* I. Sp. 1730 (*brief-
lich*) *die Redensart aus der Sprache der Blutrache: „trete nun der vor, dessen
Neffe der Erschlagene ist und räche ihn!“
In dieser Gegend kommt das Wort noch in zweierlei Anwendungen vor.
Erstens bezeichnet es den Schlangenkönig, wofür ich im Nachtrage S. 322 f.
ein Beispiel gegeben habe, zweitens ist es gebraucht in Redensarten wie:*

den sold der nefe reiden, *oder:* der rent als obu der nefe reided, *wo es für gleichbedeutend mit* Teufel *genommen wird.*

445. clamirre. *Mit dem Namen* Klammer, Klemmer, *selten* Klemschnitt *benennen alte Leute hier noch ein Gebäck, das aus zwei über einander gelegten Semmelschnitten besteht, zwischen welche Kalbshirn oder gekochte Zwetschgen gelegt werden, worauf das Ganze in Schmalz gebacken wird. Bei der jüngern Generation hat sich hiefür der auch sonst in Altbayern gebräuchliche Name* 'Pafesen' *(Schmeller I, Sp. 383) eingebürgert. Als* 'Herrenspeise' *gilt dieses Gericht auch jetzt noch insoferne, als es sich der Landmann nur am Kirchweihtage und besonders hohen Festtagen erlaubt.*

473. gizelitze: *ein slavisches Wort von* kisel = *sauer; in Kärnthen bezeichnet man noch jetzt mit* geislitz *ein Mus aus Habermehl. Vgl. den Artikel* Geislitz *in Grimms Wörterbuch.*

491. *Ueber die Ausdrücke* laz (491), swach (495. 500) *im Sinne von niedriger Abstammung sagt R. Schröder, Zeitschrift für deutsche Philologie II, 303, der Meier bezeichne damit seine Abstammung den höheren Ständen gegenüber: „Dies würde einen beleg für Grimms erklärung des wortes* lazi *(Rechtsalterthümer 308 f.) abgeben, nur darf man den meier Helmbrecht nicht zum stande der lassen rechnen, er ist ein freier man wie sein knecht (nämlich der* friman*), und kann sich, wenn er seiner gutsherrschaft (unter der wir uns wol das kloster Ranshofen zu denken haben) den jahreszehnten entrichtet (255 f.), dabei rühmen: ich gibe ouch keinem pfaffen niht wan sin harez reht (780 f.), er haftet nur für bestimte leistungen und nicht darüber hinaus.“*

517/8. *Ueber den Reim* sun: tuon *und* 771 sun: huon *vgl. Weinhold, Mhd. Gramm. § 129.*

518. beste — bœste, *beliebtes Wortspiel, das Lambel zu* Amis *911 mit mehreren Beispielen belegt.*

654 f. *Die Worte ergeben deutlich, dass der Ritter, in dessen Dienste Helmbrecht trat, ein Raubritter war. Hierzu bemerkt mir Hr. Pfarrer S.: „Solcher Raubritterburgen gab es im untern Innthal mehrere; die nächste und berüchtigteste war der Ratishof. Er lag hart am Inn, gleich unterhalb des Einflusses der Salzach. Jetzt finden sich von dieser Burg, vulgo Razlhof, nur mehr die Grundmauern, da die Steine der prächtigen Ruine zu Bauten in der Umgebung verwendet wurden.“ Dass übrigens der Schauplatz der ganzen Erzählung diese heimatliche Gegend Helmbrechts war, beweisen auch andere Stellen, z. B. 1265—1272, wo er das Eigenthum seines Vaters vor seinen Gesellen geschützt haben will, und 1386 ff., wo er sagt, dass seine Mutter einem Ritter (dem Ratishofer?) willig war, während sie im nahen Lohe Kälber suchte. Vgl. Bemerkung zu 1477.*

711. 743. 1088. friman, friwip. *Ein Freigelassener, Freier (vgl. Mhd. Wörterbuch II, 47 und Schmeller I, Sp. 810). In dieser Gegend nennt man*

jetzt Freimann einen Mann, der, ohne Knecht zu sein die Verpflichtung hat, für einen Bauer als Taglöhner zu arbeiten, wofür ihm dieser ein Häuschen zur Wohnung überlässt (daher auch Häusler), ihm wohl auch Naturalreichnisse liefert. Ebenso bezeichnet R. Schröder (Zeitschrift für deutsche Philologie II, 303) *für die Zeit des Gedichtes den* friman *als einen nicht leibeigenen Knecht, der zum Meier im Verhältnisse der reinen Dienstmiethe steht.*

725. *Bei Leichenbegängnissen und Hochzeiten ist jetzt einer aus der Verwandtschaft aufgestellt, welcher die Ankommenden mit Händeschütteln und einigen freundlichen Worten zu begrüssen hat. Diess heisst noch jetzt das* Empfahen. *In andrer Bedeutung kommt jetzt weder* empfahen *noch* empfangen *vor.* Âne zal = *mit vielmaligem Händeschütteln.*

728. dobraytra (*böhmisch, jetzt* dobré jitro) *guten Morgen. Diesen böhmischen Gruss, der auch Helbl. XIV, 23 erscheint, erklärt Schröder als zur Zeitbestimmung verwendbar, da er südlich der Donau kaum vor der Zeit der böhmischen Herrschaft, also nicht vor 1216 in Gebrauch gekommen sein dürfte. Z. f. d. A. XXVIII, 58.*

783. *Die Fische wurden zu den feinen Speisen gerechnet und bei Festtafeln aufgetragen. A. Schulz, Das höfische Leben* I, 287.

819 *ff. Der Bauer liebt es, seinen Hausthieren, Kühen, Pferden, Gänsen Namen zu geben. Die hier vorkommenden mögen folgenden Sinn haben:*

Ouwer = Auer. *Die Bauern dieser Gegend lassen einzelne von ihren Rindern* 1—3 *Jahre auf den in der Salzach befindlichen Auen weiden, weil die Erfahrung gelehrt hat, dass diese „Auer“, welchen Namen dann ein solches Rind behält, einen besonders kräftigen Nachwuchs erzeugen, auch sonst an Kraft und Ausdauer andere übertreffen.*

Ræme *erinnert an das mhd. und in Bayern noch gebräuchliche* râm *Schmutzkruste. Birlinger (Germ.* VIII, 110) *hält diess nicht für passend, weil „der Ochse vor allen Thieren den Schmutz am wenigsten liebe“ und empfiehlt die Wackernagelsche Erklärung 'Rind mit schwarzen Flecken'.*

Erge *vom Stamm* arc *war wohl der Name eines besonders bösen Thieres.*

Sunne *hatte wohl einen weissen Fleck an der Stirne, mit welchem Pferde und Rinder jetzt* Blassen, Blässel *heissen.*

867. *Es ist in dieser Gegend eine uralte unabänderliche Sitte, dass bei jedem bäuerlichen Mahle die erste „Richte“ (V.* 865) *Sauerkraut, hier Kraut schlechtweg, sein muss. Die Landleute sind so sehr daran gewöhnt, dass sie zu sagen pflegen, es sei ihnen, als hätten sie gar nicht gegessen, wenn sie nicht zuerst Kraut bekämen. Besondere Sorgfalt wird darauf verwendet, dass es ja „vil kleine gesniten“ sei. Dafür waren aber auch die Gilgenberger Krautschneider berühmt und in der ganzen Gegend gesucht; sie reisten sogar alljährlich bis nach Wien.*

Das Kraut vertritt hier also die Stelle der beim Mahle des Bauers ungewöhnlichen Suppe.

Durch eingelegtes fettes Fleisch machte man das Kraut noch schmackhafter. Beim Helbling I, 956 *sagt die Frau von einem schönen Stück Fleisch:* ez ist sô smalzhaft, vier krûten gibt ez kraft.

975. lösen, *nach Lambel* „sich lôse (vgl. *V.* 969) benehmen", *nach Schmeller* I, 1518 „schmeicheln, namentlich mit List und Falschheit, lügen."

913. *Zu diesem Lob der guten alten Rittersitten vgl. Helbling* XV, 47 *ff.* :

herr, ich hœr die alten sagen,	gezieret manic klârer lip,
daz bi ir alten lebtagen	bediu maget unde wip.
daz lant gar mit freuden was.	die ritter truogen kleider.
sô die bluomen unde gras	des ist nû niht leider.
ensprungen in dem meien,	ein ritter nimt nû gar für guot
die hôch gemuoten leien,	zem winder einen vêhen huot
ich mein die herren milte,	und ein kürsen schæfin*) —
die gaben kleider, schilte:	daz sint nû diu kleider sin —
sô huop sich turnieren,	zem sumer einen zendâl,
tanzen, tjostieren,	under einem huote hin zetal
buhurt in den gazzen,	einen rok ân sukkenie.
schilt ritterlichen vazzen	den herren ich verphie,
vor den schoenen vrouwen.	der sô zeglichen tuo,
dô was guot ze schouwen	geb die sukkeni dâ zuo.

1001. daz sint nû ir minne. *Die Handschriften haben hier, W :* ir briefe von minne, *B:* ir briefe und minne. *Haupt hat* briefe von *unter Angabe der Gründe gestrichen. Sprenger (Germ.* XXI, 349) *will es, weil in beiden Hss. überliefert, wieder einsetzen und schlägt daher vor zu lesen:* Daz sint nu ir briefe der minne. *Lambel folgt ebenfalls B und erklärt* „brief, eine lyrisch-didaktische Dichtungsart minniglichen Inhalts (*Wackernagel, LG.* I², 346); hier für Minnedichtung überhaupt."

1003. maser. *Maser, hier gewöhnlicher Moseiber genannt, ist eine Ahornart, acer campestre. Aus ihrem harten und schönen Holze macht man verschiedene Gegenstände, z. B. die bekannten Ulmer Pfeifenköpfe, besonders aber auch Trinkgeschirre, die dann polirt und mit Zinn oder Silber beschlagen werden. Man nennt diese noch jetzt hier allgemein Maser. Ueber ihre Beliebtheit im Mittelalter und ihre reiche Ausstattung vgl. A. Schulz, Das höfische Leben* I, 320.

1067. sô guoter; *zur Construction bemerkt Lambel: partit. genit. plur.* „von den besten"; *vgl. Nib.* 362,2. — *J. Grimm, Kl. Schriften* III, 335 *liest* ein *und nimmt also nominative Vorausstellung eines dem nächsten Satz zugehörigen Wortes an.*

1143. *Zu den Krapfen Brot zu essen findet der übermüthige Helmbrecht wohl strafenswerth, weil ein feines Gebäck und gemeines Brot nicht*

---

*) Zu schæfin vgl. oben *V.* 144 *f.* ein belz — von sô getânem kunder, daz ûf dem felde izzet gras.

zusammenpasse. (*Rudloff,* *Untersuchungen zu Meier Helmbrecht S.* 38 *hat,
wohl nur als Druckfehler, „zu den Karpfen Brod essen", was ja nichts be-
sonderes wäre!*)

Die zwei nächsten, *rächenswerthen Vergehen V.* 1152 *er lie die gürtel
witer baz, d. h. er lockerte den Gürtel, um mehr essen zu können, und
V.* 1166 *„in den Becher blasen", sind auch in Tanhausers Hofzucht verpönt.
Vgl. Altdeutsche Hofzuchten hsgg. von Dr. Moritz Geyer* 1882 (*Altenburger
Gymnasialprogramm*) *C. V.* 125 *und* 85.

1185. *Die für Räuber gut gewählten Namen Helmbrechts und seiner
Spiessgesellen mag wohl der Dichter selbst erfunden haben. Es waren übri-
gens ähnliche Beinamen damals sehr gebräuchlich, wie man aus der von
Richard Müller in der Z. f. d. A., Bd.* XXXI, *S.* 96 *gegebenen Zusammen-
stellung von solchen urkundlich vorkommenden Namen sehen kann, wo von
den hier sich findenden* Lemberslint *und* Küefräz *urkundlich belegt sind.
Auch im Renner* (*V.* 1710—1741) *findet sich eine solche Sammlung. Das
betreffende Stück lasse ich wegen seiner Anklänge an den Helmbrecht auf
Wunsch Prof. Hildebrands am Schlusse folgen. Eine Erklärung bedürfen
Wernhers Namen nicht, nur für Müschenkelch, dem beim Helbling ein
Müschenrigel gegenübersteht, mag auf Schmeller* II, 1681 *verwiesen werden.
Helbling* (I, 372) *hat auch den* Wolvesdarm.

1205. isenhalt. *Zur Aufbewahrung besonders werthvoller Sachen,
Documente, Kostbarkeiten, auch Geld, hatte man hier eiserne Kistchen mit
festem Schloss, etwa 2 Fuss lang und* 4—5 *Zoll breit und hoch. Um sie
recht verborgen zu halten, liess man häufig beim Bau eines Hauses einen
Balken kürzer als ursprünglich bestimmt einfügen und benutzte die dadurch
sich ergebende Lücke, um darin den* isenhalt *zu bergen. Hie und da sind
diese Kistchen, jetzt* Isolt *genannt, noch jetzt im Gebrauch, wie mir auch
Hr. Pfarrer Saxeneder ein solches in seinem Besitze befindliches zeigte.*

1213.14. *Diese Verse, Wiederholung von* 1208/9, *dürften nur durch
ein Schreibversehen auch an diese Stelle gerathen sein, wo sie ganz über-
flüssig sind; sie stehen aber in beiden Handschriften. Eine ähnliche Wieder-
holung, aber in H allein ist angemerkt bei V.* 318 *und* 324, *und in B allein
bei V.* 740.

1234, auch 1595. *Ueber die Reimbindung zweier ursprünglich ver-
schiedener e vgl. Weinhold, Bair. Grammatik § 12 S.* 25.

1241. koch. *Koch, jetzt gewöhnlich mit dem auch sonst häufigen Ab-
fall von auslautendem ch kö ausgesprochen, ist in Niederbayern und Ober-
österreich der Ersatz für das ungebräuchliche Wort Mus. Man hat Gries-,
Mehl-, Aepfel-, Holler-, Zwetschken-kö. Das Mehlmus der kleinen Kinder
wird nur bei ganz armen Leuten mit Wasser, statt mit Milch, angemacht,
so dass also diese Stelle den Sinn hat: zu den ärmsten Leuten will ich sie
machen.*

1260—64 *(auch* 1622—26 *und* 1641—60). *Es ist ein alter Aberglaube, dass gewisse Menschen sich auf einen Zauber verstehen, vermöge dessen sie im Stande sind, zu bewirken, dass ihnen einer nicht mehr entrinnen, ja sich nicht einmal vom Platze bewegen könne. Selbst auf Ross und Wagen erstreckt sich diese Macht. Für besonders vertraut mit solchem Zauber hielt man die Schergen und nannte daher diese Kunst auch den Schergenbann, jetzt „das Anbinden". (Mehr hierüber kann man lesen in einem Aufsatze von P. Amand Baumgarten im 24. Bericht über das Museum Francisco-Carolinum, Linz 1864 S. 80 ff.).*

1293. *Obwohl weder die Handschriften noch die Ausgaben hier einen Abschnitt bezeichnen, habe ich einen solchen eingesetzt, um sofort den Leser aufmerksam zu machen, dass hier ein neues Gespräch — zwischen den beiden Geschwistern — beginnt. Eigenthümlicher Weise hat auch der Dichter hier jede Scheidung unterlassen und sich daher nachträglich genöthigt gesehen, den Satz V. 1431 f. einzufügen.*

1306—12. *Hierzu kann man aus den jetzigen Gebräuchen dieser Gegend Folgendes vergleichen:*
Wenn der Todte im Hause liegt, so wird er, ehe man ihn fort trägt, nach altem Brauche von jedem Besuchenden zuerst mit Weihwasser besprützt, dann nimmt man die vor ihm stehende Glutpfanne, und geht damit räuchernd um ihn herum, und zwar jedesmal so oft man in das Todtenzimmer kommt.
Die Befolgung dieses Gebrauches durch Gotelinde stellt Helmbrecht hier in frecher Ironie seinem Gesellen in Aussicht.
Natürlich konnte Gotelinde diess nur an dem grabe üf der wegescheide, und da sie sich dabei während des Tages nicht betreten lassen durfte, nur alle naht thun.
Ein ganzes jär thut sie es, weil hier der Grundsatz herrschte und im Allgemeinen noch herrscht, dass die Trauer um die verlorne Ehehälfte ein Jahr dauern müsse.

1334. kriuzer. *Schmeller erklärt „diese Hauptische Fassung" als „wohl anachronistisch". Dagegen ist aus einer Abhandlung Ladurners im Archiv f. Gesch. Tirols Bd. V, S. 7, zu ersehen, dass man in Tirol im XIII. Jahrhundert Kreuzer hatte, deren 12 auf das Pfund Berner giengen. Den Werth bestimmt er: 1 Mark Berner = 2 fl. österr. Währung oder 4 Mark Reichswährung. Diese Mark hatte 10 Pfund Berner oder 120 Kreuzer oder 600 Vierer oder 2400 Berner.*
Da der Verkehr aus Tirol durch das ganze bayerische Innthal ein sehr lebhafter war, so könnte also diese Münze doch auch schon in dieser Gegend bekannt gewesen sein. In späteren bayerischen Urkunden ist sie nicht selten und heisst gewöhnlich Meraner oder Etsch-Kreuzer.
Es bleibt dabei allerdings zu berücksichtigen, dass der Schreiber der Wiener Handschrift ein Tiroler war. Andrerseits waren aber damals auch die Haller (der Handschrift B) neu; denn nach Schmeller I, Sp. 1075 kommen

auch die ersten, die in Schwäbisch-Hall geprägten und darnach benannten, erst seit 1228 vor, und nach V. 1884 zu schliessen, kannte Wernher als kleinste Münze nur den Pfenning.

1359. **niuwen.** *Das Wort lautet jetzt hier, da mhd. iu hier oi ist, g'noin, mit der Bedeutung: die grossen harten Erdschollen auf den Feldern mit einem Schlägel zerstampfen. Eine schwere Arbeit, welche häufig nothwendig ist, da in dieser hochgelegenen wasserarmen Gegend der Lehmboden vorherrscht. Sie wird hauptsächlich von Weibern verrichtet, während die Männer sich mit pflügen und eggen beschäftigen.*

1391. **Loh.** *Dieses Wort, hauptsächlich einen Niederwald bezeichnend, hat sich in der jetzigen Sprache nur in einer grossen Zahl von Namen, da aber in den verschiedensten Formen erhalten, z. B. Buchloe, Pullach, Etterschlag* (Etinesloh, Meichelbeck Hist. Frising. Nr. 262 f.). *In dieser Gegend wird damit ein Theil des Weilhart benannt. Dieser ausgedehnte Wald wurde von jeher in mehrere Forstbezirke eingetheilt, als: Schacher, Loh, Unter- und Oberposchen, Grünhilling, Stockbuchen etc. Der Loh (amtlich jetzt Lach) ist jener Theil des Weilharts, der sich nördlich vom Helmbrechtshofe gegen den Inn und Ranshofen zu erstreckt. In diesen Forstbezirken hatten die meisten Grundbesitzer der Umgegend, wie man es hier nennt, Urlerrechte* (urlǝ = Urlaub, Erlaubniss), *welche im Bezug von Holz, Waldstreu und im Weiderechte bestehen. — Die Thiere wurden früher meistens ohne Aufsicht im Walde gelassen. Wenn man sie einige Zeit nicht mehr sah, dann gieng man „ins Kälber suchen". Am sichersten gieng man, wenn man sie nicht leicht fand, „in den Loh", weil dorthin der Zug der Thiere instinktmässig geht, namentlich wenn es einige Zeit nicht mehr geregnet hat; denn hier fanden sie in dem Weidenbrunnen beim Ratishofe und in dem sogenannten Güssgraben jederzeit Wasser. Herr Pfarrer S. erinnert sich noch recht gut, wie er als Knabe öfter ausgeschickt wurde:* suochen kelber in dem Lôhe.

1393. daz dich min trehtin gefreu. *Grussformel, wie Helbl. IV, 550 ir herren, daz iuch got gefreu.*

1398. so schriet mir min pfanne. *Vgl. Walther 34, 34*
  die wile ich weiz dri hove sô lobelicher manne,
  sô ist min win gelesen, unde sûset wol min pfanne,
auf welche Stelle schon J. Grimm im Philologus 1, 342 hingewiesen hat.

1401. *Wegen des Reimes hier: mir vgl. Weinhold, Bair. Gramm. § 90.*

1418. des morgens gie si âne stap. *Eine gewöhnliche Redensart, mit der man die Frauen nach der Hochzeitnacht neckte. Es ergiebt sich diess aus nachfolgender Stelle aus dem Rennewart (Willehalm) des Ulrich von Türheim, die ich nach der hiesigen Handschrift Cgm. 42, V. 5370 ff. gebe. Nachdem Rennewart und Alise die erste Nacht miteinander zugebracht haben:*

nu kom Heimrich von Naribon,
guoten morgen er in gap:
'Alise, maht du âne stap
gên? daz lâze uns besehen.
ist dir leides iht geschehen,
daz gearnet Rennewartes lip.'

Alise daz vil reine wip
sprach 'herre, lieber ane,
ganc mit der künigin hin dane,
und lâze uns beide ûf stân.
geloube mir, ich mac wol gân
âne stap swar ich wil hin.'

Dieselbe Redensart auch in dem maere *von dem sperwaere V. 346 f.
Auch die Ruhmredigkeit in V. 1410 ff. darf man der Gotelinde nicht
zu übel nehmen.* Sagt *ja auch im Rennewart die züchtige Königstochter
mit gleicher Beziehung:*

ez sint mines libes lit
alle frisch und wol gesunt *(V. 5030 f.).*

1426 f. Der smale stic an der Kienliten. *Eine Viertelstunde vom Helm-
brechtshofe entfernt zieht sich in nordöstlicher Richtung gegen den Aden-
berg und die Braunauerstrasse ein steiler Abhang* (lite) *hin. Derselbe heisst
noch jetzt die Kienleite. In ihrer Mitte führt darüber noch jetzt ein schmaler
Steig auf die hinter derselben liegende Hochebene, über welche man leicht
nach den Inn abwärts liegenden Raubnestern* (vgl. *Bemerkung zu* 634) *ge-
langen konnte.*

1447. *Das Schenken von Kleidungsstücken bei freudigen Anlässen,
früher wohl eine sehr allgemeine Sitte, hat sich für den hier vorliegenden
Fall — eine Hochzeit — in dieser Gegend bis jetzt erhalten. Es ist sogar
durch das Herkommen genau festgestellt, was den einzelnen Gästen gereicht
werden soll, wie ich das in meinem Nachtrage (Sitzungsberichte* 1865 I, 327)
einzeln aufgezählt habe.

1461/62. *Aehnliche Ausdrücke finden sich auch bei anderen Dichtern,
z. B. Parz.* 575,27 vil dicke er dem wege neic, den die juncfrouwe gienc;
Iwein 5837 wie gerne ich dem stige iemer mêre nige, der in her ze mir
truoc; *Der herzoge von Anehalt (Bartsch, Liederdichter* 1. *Aufl.* 27,25): stâ
bi, lâ mich den wint anwêjen, der kumt von mines herzen kuniginne.

1477. *Auch Lemberslindes Vaterhaus ist also nicht ferne vom Helm-
brechtshofe, da er nur einen Boten schickt, um die Gotlinde (an der Kienlite)
abzuholen. Vgl. Bemerkung zu* 654.

1507—34. *Diese Stelle ist schon mehrfach besprochen worden, da sie
eine der ältesten Schilderungen des Trauceremoniels enthält.*

*Zuerst hat sie Wackernagel in einem Aufsatze „Verlöbniss und Trauung"
in H. Zeitschrift* 1, 548 *ff. behandelt, und dabei besonders erwähnt, dass die
Gegenwart eines copulirenden Priesters weder von den Hochzeitleuten noch
von dem Dichter vermisst werde; aber schon beruhe auch die ganze Feier-
lichkeit der Handlung in der dreimaligen Frage und dem Tritte des Bräu-
tigams auf den Fuss der Braut. Dazu vergleicht er eine ähnliche Schilde-
derung aus dem Gedichte von Metzen und Betzen Hochzeit.*

*Ebenso behandelt sie R. Schröder in der Zeitschrift für deutsche Philo-
logie II.* 304 *vom rechtsgeschichtlichen Standpunkte, ferner Friedberg: das*

Recht der Eheschliessung S. 27 und A. Schulze, das höfische Leben I. 518.
Schröder bespricht l. c. auch die Stellen V. 280 (Heimsteuer) und V. 1326—52
(Morgengabe).

Eine Trauungsscene schildert auch der Türheimer in seinem Willehalm,
die aber hier nicht mitgetheilt werden kann, da er sie in seiner Weise un-
geachtet geringen Inhalts über mehr als hundert Verse ausspinnt. Auch da
werden Rennewart und Alise in einen rinc gestellt; das Jawort nimmt der
Vater der Braut, König Loys, ab; nach dieser Trauung gehen sie zur
Messe, wo der Priester seinen Segen über sie spricht, und dann fuor man
enbizen.

1534. *Der Tritt auf den Fuss der Braut als Zeichen der Besitz-*
ergreifung galt einst als zum Trauungsceremoniel gehörig (s. die vorher-
gehende Bemerkung, und vgl. J. Grimm, Rechtsalterthümer 142, Freiberger
Stadtrecht 189). *Auch im Tnugdalus (ed. Hahn 45. 87) scheint darauf an-*
gespielt zu sein, wenn die Teufel zur Seele des Sterbenden sagen: dines
tretens ûf den fuoz, des ist dir nu worden buoz.

In dieser Gegend hat er sich als Unsitte erhalten, indem die am Altar
stehenden Brautleute, sowie der Priester den ehelichen Bund eingesegnet hat,
einander auf den Fuss zu treten suchen. Sie verbinden damit die aber-
gläubische Meinung, dass der zuerst getretene Theil zeitlebens unter dem
Pantoffel stehen werde. Die Unsitte wird oft in so skandalöser Weise ge-
übt, dass es schon nöthig wurde, eigens dagegen zu predigen.
Von anderweitigem Vorkommen dieses Brauches finden sich Belege bei
Böckel, Deutsche Volkslieder aus Oberhessen (1885) *S. XLVII.*

Dass diese Unsitte auch in ganz anderen Gegenden mit der gleichen
Absicht geübt wird, konnte ich in dem Schriftchen „Zur Helmbrechtkritik"
nachweisen. Es erzählt nämlich Dr. Polak in seinem Buche „Persien, das
Land und seine Bewohner, Leipzig 1865" *I. S.* 212, *dass in jenem fernen*
Lande bei den Brautleuten ein ganz gleicher Brauch herrsche.

1537. *Die* ambetliute *heissen ebenso im Parz.* 667, 10, *und sind ebenda*
666, 23 *ff. in gleicher Weise aufgezählt als* kamerære, schenke, truhsæze *und*
marschalk. *Wernher hat auch noch einen* küchenmeister *und einen, der* daz
brôt gap.

1625. *Ueber den Reim* schergen : erwergen *s. Weinhold, Bair. Gramm.*
§ 178 *S.* 185.

1644. *Man kann auch* sieht : lieht *setzen nach Weinhold, Mhd. Gramm.*
§ 112. *Ersteres ist auch in der heutigen Mundart am untern Inn gebräuch-*
lich, wo das praes. von sehen *gewöhnlich* i siag *lautet (stellenweise auch*
i sêg), *ebenso von* geschehen *ausschliesslich :* es gschiəgt.

1656. *Ueber den Reim* freut : heut *s. Weinhold, Mhd. Gramm.* § 119.

1651—68. *Ueber die Behandlung der Räuberbande durch den Richter*
spricht ausführlich R. Schröder in dem erwähnten Aufsatze (Zeitschrift für
deutsche Philologie II, 303); *zu* 1653 *mit* ir bürden *bemerkt er:* „Rindshäute
am halse tragend werden si vor gericht geführt, offenbar zu eigenem schimpf

(vgl. Rechtsalt. 713 ff.) und mit rücksicht auf die von ihnen geraubten thiere.‟ *Lambel dagegen sagt, dass man dem auf handhafter That ergriffenen Dieb das gestohlene Gut auf den Rücken zu binden und ihn so vor Gericht zu führen pflegte, nach RA. 637 ff.; von schimpflicher Strafe sieht er dabei ab.*

1673—78. *Dieser Ausfall über die Käuflichkeit des Richters scheint mir weder hierher noch zu dem Charakter des Dichters zu passen.*

1680. *Die Geltung des Grundsatzes, dass der Frohnbote den zehnten Mann beanspruchen könne, ist von R. Schröder a. a. O. aus verschiedenen deutschen Rechten nachgewiesen. Er konnte ihn dann gegen Lösegeld frei geben. An dieser Stelle ist, wie Schröder bemerkt, eigenthümlich, dass der Scherge von letzterem Rechte keinen Gebrauch macht. Er übt sogar selbst noch weitere Justiz an H., was der Dichter als besondere Sühne für die von H. gegen Vater und Mutter gezeigte Verachtung bezeichnet.*

1709. *Zum Reime hûs : ûz vgl. Weinhold, Mhd. Gramm. § 186.*

1783. *Ueber den Reim ungehûr : gebûr vgl. Weinhold, Mhd. Gramm. § 83.*

1830. *eine kuo von siben binden, d. h. die sieben Mal gekälbert hat. Die Bezeichnung ist davon genommen, dass sich an den Hörnern der Kuh jedesmal nach dem Kälbern ein Streifen oder Ring (binde, jetzt Bandl) bildet.*

1836/7. „Ich zerreisse ihn in so kleine Stückchen, wie das, was in der Sonne fährt (Sonnenstäubchen), vorausgesetzt, dass ihn Niemand gegen mich vertheidigt‟. *Haupt. Die gleiche Redensart findet sich Parz. 198, 20 mit* swerten wær mîn lip verzert, klein sô daz in sunnen vert, *und in anderer Anwendung bei S. Helbling XV, 246 si ritent alsô dicke, als daz in der* sunne vert.

1851. ich briche in als ein huon. *Dieselbe Redensart weist Haupt nach aus Ital. 135, 16, Strickers Karl 51 a, Erec 5482. Sie findet sich auch zweimal im Daniel (V. 2709 und 3095 meiner Abschrift), war also dem Stricker besonders geläufig.*

1904 ff. *In einem Aufsatze „Erde der Leib Christi‟ in H. Zeitschrift VI. 288 ff. führt W. Wackernagel mehrere Stellen an, welche beweisen, dass Menschen, welchen ein schnelles Sterben drohte, Erdbrosamen an Stelle des Leibes Christi zu sich nahmen, oder gegeben erhielten. Weitere Belege bringt Lambel bei, den ältesten aus einer Wiener Handschrift (IX. Jahrh.) der Origines des Isidorus:* terra mystice plures significationes habet ..... aliquando carnem domini salvatoris significat.

1922. an der wide. *Sprüchwörtlich z. B. Parz. 341. 28 etslicher zæm* baz an der wide.

ANHANG.

Aus dem Renner (V. 1604 ff.).*)

Daz ist, wie gebürsliute zuo edelingen sich gefriundent, von armen edeln
knappen und von ackertrappen.

Ich hân doch wol zwir vernomen,
daz ein edel knappe ist komen   1605
zeiner gebiurinne unde sprach,
swenne er si aller verrest sach:
'got grüez dich, muom, wie gehabstu dich?'
"wol, lieber herre." 'bekennestu mich?'
"nein, lieber herre." 'nu bin ich ez doch!   1610
dîn ôheim, sage mir, lebet noch?
mîn muome Hedwîk, dîn swester?'
'jâ, herre, ich sach si gester."
wie gehabt sich dîn sun Ruopreht?'
"zwâr, herre, er ist ein frumer kneht   1615
und ist hiur elter denne vert.
seht, herre, er treit sîn êrstez swert,
und hât einen hôhen huot
und zwên hantschuohe, daz ist guot.
er singet den meiden allen vor   1620
ze tanze und möhten in enpor

---

*) Nach der Erlanger Hs. v. J. 1347 (in der Bamberger Ausg. 1833),
deren Art möglichst beibehalten ist, zu Lehrzwecken, mit Benutzung der
Münchener Hss. Cgm. 307 und 3970, hier mit M bezeichnet (bei Abweichung
mit Mª und Mᵇ), jene mit E. In der Ueberschrift in E geburslent, gefreun-
den, Mª hat als Ueberschrift: Item wie die pawrn lewte zu edeln sich ge-
freunden vnd danon kumen zwitörn vnd kickelfe geslecht.

1604 Ich han wol zwir doch wol v. E.   1610 ja mûm nu usw. M.
1615 der ist E.   1617 und tregt M.   1621 in M fehlt ze tanze, dafür
dann villeicht enpor.

al min nâchgebûre tragen,
si tætens." 'nu wil ich dir sagen,
ich weiz eine junge maget,
ist daz im diu wol behaget, 1625
die sul wir im ze wibe geben.'
"got helfe mir, herre, daz ir ez sult geleben,
sô bestate ich in dester baz,
mit iurem urloub sprich ich daz."
'ir tuot, als iu wol ist geslaht. 1630
nu fürhte ich, daz ez werde naht,
und muoz balde rîten von dir.
liebiu muome, nu gib mir
mînem pferde ein fuoter und mir ein huon.'
"zwâr, herre, daz wil ich gerne tuon. 1635
wolde got, herre, hete ich des iht,
des ir geruochet." 'nu enlâz des niht,
du eunemest dînen wirt zuo dir
und kumest eines tages zuo mir,
und lâz uns trahten umb die meit, 1640
von der ich dir nu hân geseit.'
"herre, daz sul wir gerne tuon."
er nimet sîn fuoter und sîn huon
und rîtet heim gên Hungertal,
dâ guotes und êren diu pfrüende ist smal 1645
und unrâtes ein vollez hûs,
in dem ofte manic mûs
getanzet und gereiet hât,
sô si anderswâ was worden sat.

    Darnâch über siben naht 1650
kümt sîn muome dar und hât brâht
vier kæse, zwei hüener und zwên teikscherren.
waz möhte dem knappen mêr gewerren?
denn daz im guot geræt was tiur:
er nimt vil gerne sô getân stiur. 1655

1623 si tetens gern *M.*   1624 *M* ich was (*d. h. bair.*); *E* meit : beheit,
M mayde : beheit.   1625 ist das dir.   1627 das ir solt leben *M.*   1628 be-
stetet *M.*   1629 sprach *M.*   1637 enlat *E*, las *M.*   1639 eins tags hin
haim zu mir *M.*   1653 den kn. pas geweren *M.*   1654 gut rede *M*ᵃ (red *M*ᵇ).

umb die darf er den hals niht wàgen,
und kan dem guote doch sus lägen.
der mair und sin sun gènt ouch in,
si möhten dà heime lieber sìn.
si werdent gesetzet an der affen ort, 1660
die kost sie geltent hie und dort.
nàch der maide wirt gesant.
diu kümt und hàt erbeten gewant,
in dem si lützel kan gebàren.
wan bi allen iren jàren 1665
kam an irn lip sò guotes niht.
sò si den Ruoprehten an siht,
wes er gedenk, daz là wir sìn.
nàch tische der meide friunt gènt in.
nu wirt Ruopreht beràten 1670
von in oder gar verràten.
der wirt spricht: "òheim Ruopreht,
diner vürderunge hàn ich guot reht:
daz ist diu mait, von der ich dir
hàn gesagt, nu geloube mir, 1675
ir ungemach wær mir als swære,
als ob si mìn tohter wære.
miner swester bruoder ir vater ist,
dem du niht gesippe bist
von diner muoter alsò mir. 1680
si heizet Geppe, ouch sage ich dir,
daz du vil friunde gewinnest von ir.
unsanfte ich ir hie heime enpir,
mìn hûs was wol mit ir bewart,
si was irm vater und mir vil zart. 1685
man hàt uns vil umb si gebeten
und ein ganzez jàr zuo getreten.
dà was si dir von got behalten,
der làze iuch beide mit sælden alten.
gè her und nim si ze rehter è." 1690
wè dir, Ruopreht, wè dir, wè!

1657 doch sus *E*, alsus *M*. 1660 auf das a. o. *M*. 1671 von im *M*.
1690 *ohne* und *M*.

man drücket ein hant in die hant:
wær künftige unsælde dir erkant,
du strebtest als ein ohse wider,
als ein bok und als ein wider. 1695
    Seht, alsus wirt dise è gemaht
als ez der knappe het è erdâht.
nu werdent halpedel knehte
von Geppen und von Ruoprehte
geborn, die tuont vil rehte 1700
nâch gikelvêhem geslehte.
waz, ob Geppe treit ein kint,
sô si zesamen komen sint,
daz über drî mânen wirt geborn?
wer sol daz ziehen âne zorn? 1705
daz sol Ruopreht ze rehte,
wanne ez ist Pentzen geslehte.
er ist sælic, dem des geslehts iht wirt,
daz sin kint sô schier gebirt.
der gouch ziuht junge geuchelin, 1710
von den kunt meister Scheuchelîn,
Hackentiufel und Reuchelîn,
Knoblouch und herr Leuchelîn,
Fleckenkelch und Swellengrübel,
Slikenpfil und Helleschübel, 1715
Nimmervol und Schiuhenpfluoc,
Zerrezslôz und Wolfesbuoc,
Lærenstal und Leibniht,
und manic ander bœsewiht,
Gebûrenvint und Galgenswengel, 1720
Lasterbalk und Rüdenbengel,
Galgensûl und Vüllensak,
Ablæser und Schiuhentak,

1691 strebest *E.M*; ohs *E*.   1696 gemachet (: erdaht) *E*, gemacht *M*.
1704 monet *M*.   1707 *in M* wantzen geslehte.   1710 disser gauch *M*.
1710 *ff. in E* geuchlin. scheuchlin, reuchlin, leuchlin, *in M*ᵃ geuchelein, schauche-
lein, leuchelein, rauchelein (*in dieser Ordnung, die auch M*ᵇ *hat*).   1711 von
dem *M*.   1714 und herr *E*.   1715 vensterschubel *beide M*.   1718 laib-
nith *E* (*d. h. lass niehts übrig, beim Rauben*). lawbe nicht *M*.   1722 galgen-
sewl *M*, Guschals *E*.

Rossemort und Velschenwint,
Abrust, Slinthart und sîniu kint, 1725
Diepolt, Vüllin und Stenkez faz,
Roupolt, Stîgûf und Freudenhaz,
Krotenstutz und Slangenzagel,
Schutenwürfel und Pfaffenhagel,
Landesmort und Buobenstrigel, 1730
Durch den pusch und Zücke den rigel,
Roubentisch und Setzpfant,
Slîfenspiez und Rûme daz lant,
Brantrîfer und Ludeber,
Vikelscherre und Wol enber, 1735
Vegenpintel und Lærenschriu,
Hebenstrît und Ûz und în,
Rampus, Mitezze und Nageugast,
Zuckez swert und Galgenast,
Widerspân und Stichenwirt — 1740
ditz ist daz volk, daz zwirunt wirt
von armen liuten enpfaugen,
ez kume geriten oder gegangen,
dem tiufel von êrst und darnâch got,
daz êrst ist ernst, daz ander ist spot. 1745
sô kümt mîn herre her Schellehorn,
swer spræche, er wære ein zwitorn,
der hete lîb und guot verlorn,
wanne er ræche an im sînen zorn.
des vellet ir vil in des tiufels dorn, 1750
swie vaste in klingen hie die sporn.

1724 uelschen wint *M*, felsen wint *E*. 1725 abrust *E*, nymmeruol *M*.
1726 stubenstanck vnd stenkes vas *M*. 1727 rambolt *M* (l. rawbolt).
1728 krotenstorz *M*. 1729 Stuten würfel *E*. 1731 zuckenrigel *M*.
1732 *in M* raubentisch vnd lwdber (ludwer *M*b) *und die beiden folg. Zeilen
fehlen.* 1733 Sleiffen spiez *E*. 1734 Brantrifer *E*. 1735 vnd fickel-
scher⁵ vnd wollenper⁵ *M*. 1738 ramposch *M*. 1742 Ditz volk ist daz *E*,
das ist das volk das *M*. 1746 schelsshorn *M*. 1747 wer do spr. *M*:
zwidorm *M*a, zwidarm *M*b. 1750 der vellet ir *M*.

NACHTRAG.

Die Berliner Handschrift des Helmbrecht konnte ich noch vor Beendigung des Druckes hier benutzen, nachdem sie von der königlichen Bibliothekverwaltung in Berlin in dankenswerth freundlicher Weise an die hiesige königliche Hof- und Staatsbibliothek überschickt worden war. Diese Handschrift, mss. Germ. fol. 470 ist von ihrem früheren Besitzer von der Hagen schon in seiner Germania II, (1837) S. 333—346 beschrieben worden. Ihr erster Haupttheil, der Titurel, schliesst auf der Vorderseite, welche die moderne Zählung (S.) 451 und (f.) 229 zeigt; auf der Rückseite des selben Blattes beginnt der Helmbrecht und füllt die Handschrift, in abgesetzten Versen zweispaltig geschrieben, bis zum Schlusse.

Ueber ihre Herkunft sagt vdHagen, sie sei in Süddeutschland zu Hause und von ihm in Wien durch F. Goldhan gekauft worden, und in einem auf den Vorderdeckel geklebten Blatte bemerkt er, sie stamme aus Innerösterreich, der Heimat des Gedichtes (d. h. des Titurel).

In der Hs. selbst findet sich keinerlei Heimatangabe. Nur auf ein Vorsetzblatt haben verschiedene Hände Einträge gemacht, die aber, wie es scheint, mit Ausnahme der Zeitangabe nicht über den Werth von Federproben hinausreichen. Die Zeitangabe steht auf der Rückseite des Blattes: anno domini MCCCCLVII. *Auf der Vorderseite stehen mehrere Namen, welche identificirt einen Schluss auf die Heimat erlauben könnten. So zu oberst:* Jo Ho Hauczendörffer. *Ein solches Geschlecht gab es in der Oberpfalz (s. Verhandlungen des historischen Vereins dieses Kreises 1858, Bd. XVIII, S. 234 ff., wo auch zu Anfang des XV. Jahrhunderts ein* Hanns H. *aufgeführt ist). Von andern Namen sind daselbst noch geschrieben:* Lienhart Mewrll, Marycz Nerndlinger, Motesta Gassnerin, Hanns Mist(...?), *die mir alle unbekannt sind.*

Vom dritten Bogen an konnte schon eine neuere Abschrift der Hs., von Herrn Dr. Rob. Lange in Leipzig sorgfältig gefertigt, benutzt werden zur Berichtigung von Haupts Angaben, die hie und da nöthig war. Für die zwei ersten Bogen hier als Nachtrag: V. 39 l. haubet, 55 sölche, 153 gnyppen, 204 den, 221 verchauftē, 222 zway, 298 solt, 315 etwenne, 386 weyle, 388 leng' nicht, 407 bain, 415 etleich, 446 ez, 482 Nach, 492 bas, 498 kämen.

Druck von J. B. Hirschfeld in Leipzig.